Pe. ZEZINHO, SCJ

COMUNICAR A FÉ EM TEMPOS DE CRISE

Direção editorial: Pe. Marcelo C. Araújo, C.Ss.R.
Coordenação editorial: Ana Lúcia de Castro Leite
Copidesque: Leila Cristina Dinis Fernandes
Revisão: Luana Galvão
Foto de capa: Mário Carlos
Diagramação e capa: Mauricio Pereira

Dados Internacionais de Catalogação na Publicação (CIP)
(Câmara Brasileira do Livro, SP, Brasil)

Pe. Zezinho
Comunicar a fé em tempos de crise / Pe. Zezinho. – Aparecida, SP: Editora Santuário, 2014.

ISBN 978-85-369-0356-9

1. Comunicação – Aspectos religiosos – Igreja Católica 2. Comunicação de massa – Aspectos religiosos – Igreja Católica 3. Fé I. Título.

14-09626 CDD-253.78

Índices para catálogo sistemático:

1. Comunicação e pastoral: Cristianismo 253.78
2. Pastoral e comunicação: Cristianismo 253.78

Composição, Impressão e acabamento:
EDITORA SANTUÁRIO — Rua Padre Claro Monteiro, 342
Fone: (12) 3104-2000 — 12570-000 — Aparecida-SP.

PROVOCAÇÃO

Comecemos nossos encontros com uma provocação.

Se um dia lhe derem uma bicicleta, um par de patins, uma bola de futebol ou um videogame, brinque à vontade. Funcionam como brinquedos.

Se, um dia, puserem você à frente de um microfone de emissora de rádio, de uma câmera num estúdio de televisão, eventualmente você pode até levar seu público a rir, mas não brinque com esses instrumentos. Custam caro demais para um pregador da fé ir lá, sem ter preparado o que dirá e sem fazer de seu momento um espaço de fé, recheado de informação, de catequese e de cultura.

Não invente revelações, nem testemunhos, nem milagres. Se não tem como provar o que disse, não diga. E não tenha pressa em atribuir tudo ao Espírito Santo, a Jesus Cristo, aos anjos e aos demônios.

Sua Igreja é muito mais sábia e bem-informada do que você imagina. Se você se der ao trabalho de ler seus escritos, seus documentos, verá que ela fundamenta tudo o que diz.

Faça o mesmo, porque, naquela hora em que o colocam diante de um microfone ou de uma câmera, você se torna porta-voz da nossa Igreja. O que vem da sua cabeça ou imaginação não é catequese. Não invente: transmita!

INTRODUÇÃO

Este livro oferecerá mais ideias do que temas desenvolvidos. Você poderá desenvolvê-las a partir do que já sabe ou de pesquisas na internet. Pode também se valer dos livros abaixo indicados que o introduzirão a temas candentes da comunicação humana e religiosa de ontem e de hoje e do seu impacto nos povos e nas pessoas.

Caso não tenha condições de fazer um curso de comunicação, a leitura desses e de outros livros sobre os mesmos temas poderá abrir seus horizontes de comunicador católico. Penso nos que não podem cursar tais temas como desejariam. Ler também já é boa parte do caminho. Não se limite a ler os livros do grupo ou da linha pastoral na qual você milita. E você sabe que existem muitas linhas de comunicação na Igreja. Devem ser respeitadas, se necessário corrigidas, e, onde são notoriamente fundamentadas nos documentos da Igreja, incentivadas. Há muitos movimentos católicos inquietos com a comunicação e a catequese dos nossos dias, e há pessoas que foram mais fundo na busca do porquê da mídia moderna.

Livros sugeridos

– *Do Púlpito para as Antenas* – Pe. Zezinho, scj – Paulinas.
– *Novos Púlpitos e Novos Pregadores* – Pe. Zezinho, scj Paulinas.
– *Um Rosto para Jesus Cristo* – Pe. Zezinho, scj – Paulinas.
– *De Volta ao Catolicismo* – Pe. Zezinho, scj – Paulinas.
– *Por uma outra comunicação* – Mídia, mundialização cultural e poder – Denis de Morais (org.) – Record.
– *Teologia para outro mundo possível* – Luiz Carlos Susin (org.) – Paulinas.
– *Catequese com adultos* – Estudos 84 – CNBB.

– *Catequese Renovada* – Doc. 26 – CNBB.
– *Ética, Pessoa e Sociedade* – Doc. 50 – CNBB.
– *A música litúrgica no Brasil* – Estudos – CNBB.
– *Religiões do Mundo* – Hans Küng – Verus.
– *O povo brasileiro* – Darci Ribeiro – Cia. das Letras.
– *Bilhões e bilhões* – Carl Sagan – Cia das Letras.
– *Cristo para o Universo* – Jean- Michel Maldamé – Paulinas.
– *O Choque do Futuro* – Alvin Toffler – Record.
– *A Terceira Onda* – Alvin Tofller – Record.
– *As mudanças do Poder* – Alvin Tofller – Record.
– *Teologia da Solidariedade* – João Carlos Almeida – Ed. Loyola.
– *A Estrada do Futuro* – Bill Gates – Cia. das Letras.
– *As lógicas da Cidade* – J. Batista Libânio – Ed. Loyola.
– *Da Alvorada à Decadência* – Jacques Barzan – Ed. Campus.
– *Uma História de Deus* – Karen Armstrong – Cia. das Letras.
– *O Processo da Comunicação* – D. K. Berlo – Ed. Fundo de Cultura.
– *Jesus de Nazaré* – Bento XVI – Planeta.
– *O Ócio Criativo* – Domenico de Mais – Sextante.
– *Ethos Mundial* – Leonardo Boff – Letraviva.
– *Em defesa de Deus* – Karen Armstrong – Cia. das Letras.
– *História de Deus* – Karen Armstrong – Cia. das Letras.
– *Em Nome de Deus* – Karen Armstrong – Cia. das Letras.
– *A transparência do Mal* – Jean Baudrillard – Papirus.
– *Eu e Tu* – Martin Buber – Centauro.
– *O Sal da Terra* – Bento XVI – Imago.
– *Luz do Mundo* – Bento XVI – Paulinas.
– *Eros e Civilização* – Herbert Marcuse – LTC.

LEMBRANDO QUEM SOU EU!

Que fique claro que, desde as primeiras linhas deste livro, ao expressar minhas teorias e opiniões, não me apresento como modelo de comunicador. Nem sou o mais sereno nem o mais sensato.

Coloco minha voz entre aqueles que se preocupam com a melhoria das pregações na Igreja católica e das posturas dos sacerdotes e leigos na mídia. Estou entre eles.

São 50 anos de dedicação ao tema *Prática e Crítica de Comunicação na Igreja.* O leitor tome como partilha o que vai nestas páginas. Se não concordar com tudo, então entendeu o que é comunicar. Nunca alguém acerta ou agrada em tudo. Também é sinal de que você já tem um conceito claro do que seja comunicar a fé em Jesus para os de dentro e para os de fora da nossa Igreja. É de conceitos que falaremos.

Livros mais profundos o ajudarão a repensar este momento de Igreja no Brasil e no mundo. O avanço do ateísmo, do islamismo, do pentecostalismo e de outras visões de fé e de vida balançou muitos católicos. Qual a nossa resposta?

Que direção tomaremos a partir dos anos 10 e 20 deste século altamente provocador para os púlpitos católicos?

Introduzamos estes conceitos em nossa comunicação.

A CRUZ NA ENCRUZILHADA

A pergunta a ser feita é se estamos satisfeitos com a comunicação dos católicos. Os padres e leigos que sobem ao púlpito ou ao palco para falar de Jesus comunicam-se bem?

É só questão de dom ou alguém pode melhorar seu jeito de anunciar Jesus? A mídia católica melhorou? Tem futuro?

A resposta terá de ser criteriosa. Depende do veículo, do movimento, dos comunicadores e do grau de formação teológica, humanística e catequética desses comunicadores.

São realmente porta-vozes da Igreja? Mais doutrina que vivência pessoal? Mais vivência que doutrina? A cultura do fiel melhora quando os ouve?

Parece um bom começo para quem pretende refletir sobre o Jesus que andamos anunciando ao nosso tempo...

ERA UMA VEZ...

1. O pregador voador

Era uma vez um pregador que entendia razoavelmente de teologia, de filosofia, de antropologia e de psicologia. Gostava, mas não entendia muito de balonismo e, menos ainda, de mídia, para a qual não estava preparado.

Gostava de comunicação, mas parece que gostava de balonismo com a mesma intensidade. Parece também que não entendia os mecanismos nem da comunicação moderna, nem de dirigir balões. Sabia da importância de ser notícia para, sendo notícia, anunciar a Boa-Nova, mas não escolheu os meios e o momento correto. É o que disseram vários de seus amigos. Improvisava demais!

A história é verídica, saiu nos jornais! Um dia, abraçou uma causa para a qual quis chamar a atenção. Os motivos eram nobres, mas escolheu o meio errado: o balonismo, do qual ele pouco entendia. Imaginou que, subindo num balão feito de muitos balões a hélio, imprensa por perto, ao descer em algum lugar, teria chamado a atenção para a causa que abraçara. Escolha infeliz!

Sem GPS

A imprensa apareceu quando ele subiu, mas como ele não desceu como previra, acabou morrendo no mar, milhares de milhas marítimas além. Ao invés de noticiar sua causa, a mídia noticiou seu naufrágio. Subira ao sabor dos ventos, sem saber ler GPS e sem maiores garantias de seu sonho.

Sua mensagem afetou os pregadores em geral, porque pregador prudente, por melhor que seja a causa, não age desta forma. Foi mídia sem medida...

2. O pregador remador

Era uma vez um pregador que gostava muito de barcos e remos. Nas horas de folga, saía para pescar no seu barquinho a remo. Isso, na lagoa perto de sua casa.

Um dia foi à praia e inventou de levar o barquinho para o alto-mar. Bem que lhe avisaram que uma coisa é remar em águas mansas ou corredeiras previsíveis e outra é sair ao largo em tardes de tempestade.

Ele confiava tanto em seus remos e em sua habilidade que não ouviu ninguém. Disse, textualmente, que *confiava em Deus e este o conduziria*: erro muito comum entre pregadores afoitos e despreparados. Onde aprendera essa teologia, não se sabe, porque seminário que ensinasse isso mereceria ser fechado.

Deu no que deu

Veio a tempestade e ele nunca mais foi encontrado. Ao sair daquela forma, naquele barquinho, naquela tormenta, na verdade, ele já estava desencontrado.

Deus não o trouxe de volta, e ele foi ver o Criador de um jeito que a Igreja não recomenda a nenhum de seus filhos, menos ainda aos pregadores da fé. Arriscara sua vida para provar não se sabe o quê. Uma coisa é brilhar em águas calmas e controláveis e outra é remar em águas imprevisíveis. Não ouvira e não aprendera.

3. O pregador piloto

Era uma vez um pregador que aprendera a pilotar helicópteros e aviões monomotores. Conseguia decolar e ficar horas no ar, ao lado do instrutor.

Um dia, o instrutor viajou e ele, confiando em suas habilidades, aceitou pilotar um avião maior, para o qual convidou amigos. Infelizmente ele não sabia ler os computadores de bordo. Descobriu, tardiamente, que fora *apenas* habilitado para pilotar pequenos aviões menos complicados. Pilotar grandes aviões estava acima de sua capacidade e preparo. Amerissou na baía, um pouco além da pista...

Formigas que teimam em levar a folha inteira, em vez do pedaço que poderiam levar, raramente chegam ao fim do carreiro...

Na pastoral da comunicação há que se confiar os instrumentos a quem foi treinado e possui conhecimentos suficientes para manuseá-los. O amadorismo não ajuda a catequese, menos ainda a catequese midiática que atinge milhões de pessoas!

PREGAÇÃO, UNÇÃO E EMOÇÃO

Comecemos com um grande divisor de águas da comunicação moderna: o conceito de *unção*, que muitas vezes se confunde com emoção, posturas piedosas ao orar, busca precípua do louvor e maneira suave de transmitir a mensagem. Acontece mais que imaginamos. Basta olhar alguns programas de TV.

No contexto em que muitas vezes aparece a palavra "ungido", Jeremias, Amós, Oseias, Isaías, João Batista, Jerônimo, Gregório VII, Vicente de Paulo, Camilo de Lellis, Roberto Belarmino, Helder Câmara, Leão XIII, Madre Teresa, Irmã Dulce, Frederico Osanam e centenas de grandes nomes da fé católica não seriam vistos como ungidos. Santificaram-se arregaçando as mangas e indo à luta em defesa da doutrina ou dos pequenos.

O próprio Jesus seria questionado porque, quando foi preciso, ergueu a voz e reagiu contra os injustos. A História Universal e a Bíblia apontam para gente que polemizou, lutou pela verdade, pelo social e por mudanças políticas em seu tempo, muitos dos quais foram presos, torturados, e deram a vida pela fé...

Deles, diz Jesus, que assumiram o amor maior. De Maria, irmã de Marta, Ele também diz que, naquele momento, fizera a melhor escolha. Não disse que Marta não tinha unção. Alerta para o fato de que acentuara algo que poderia ser posposto. Mas em Mt 5,23 Ele diz que é preciso deixar a oferta no altar e ir fazer as pazes, se algum irmão está ferido.

O mesmo Jesus que louva a unção de Maria, a ouvinte a seus pés, também louva a ação da pecadora que unge sua cabeça, e o gesto de quem devolve outros dois ou outros cinco talentos... Para Jesus era ungido quem conjugava os verbos *contemplar* e *ir*. "Vinde" e "Ide" para Ele eram dois verbos de unção. O capítulo do "Vinde, benditos do meu Pai" (Mt 25,31-46), que também poderia ser traduzido como "Vinde, ungidos do meu Pai", declara ungidos os que cuidam de quem sofre... E Mateus 7,15-22 não considera ungidos os que apenas falam, mas nada fazem pelos pequeninos!

CONCEITOS CLAROS

Polemistas

Dou-lhe o direito de discordar dessas minhas colocações, porque você talvez conheça as linhas de raciocínio do polemista jesuíta, cardeal e santo, Roberto Belarmino (1542-1625); do místico ativista São Bernardo Claraval (1090-1153); do outro místico Richard Rolle (1290-1348), eremita e poeta inglês; do ativista intelectual e leigo Pedro Abelardo (1079-1142) e do erudito dominicano Meister Eckhart (1260-1327).

Se as conhece, talvez tenha escolhido uma delas para viver. São linhas de pregação cristã que passam pelo temperamento e tendência de cada pessoa. Todos eles eram sinceros, todos eles católicos, mas nem por isso todos eles concordes.

Estudo e razão x Intuição e iluminação

Meister Eckhart e Abelardo eram de uma linha de espiritualidade que privilegiava a pesquisa, o estudo e a razão, e Bernardo de Claraval e Richard Rolle acreditavam em iluminação e intuição. Roberto Belarmino era combativo e pouco ecumênico. Atuaram em algum período entre o século X e o XVI. Tinha a ver com livros nas mãos ou joelhos no chão.

Pregação/Unção/Emoção

Daqueles debates, tiro essas três palavras. Podem andar juntas, mas nem sempre andam. Em muitos casos, uma não tem a ver com a outra. Ligue sua televisão ou seu rádio, após as 18 horas, e vá até a madrugada para sentir qual a linha de raciocínio dos pregadores que ali atuam. Estão mais para Bernardo Claraval e Richard Rolle que para Abelardo e Meister Eckhart. Demonstram pouca leitura e muita fé e pregam mais certeza que investigação e procuras.

Unção + Emoção

Não sei o que dirá seu pregador preferido nem o que se ensina no grupo ao qual você aderiu, mas me explico aos que seguem minha linha de raciocínio.

1. A pregação pode conter **unção** e **emoção** e chegar ao povo, que também a recebe com unção e emoção.
2. A pregação pode conter emoção e **não ter nada de unção**, mas pode chegar ao povo que a recebe com unção e emoção ou apenas com emoção, do jeito que veio do pregador.

3. A pregação pode conter **unção sem emoção** e chegar ao povo que a recebe com unção, sem emoção ou com unção e emoção.

4. É possível que o pegador **não tenha emoção** e assim mesmo **tenha unção**.

5. É possível que o pregador tenha emoção e não tenha unção. Não significam a mesma coisa nem sempre andam juntas.

6. É possível que ele tenha as duas experiências: seja emotivo, ungido e culto. Mas ele pode ser emotivo, ungido e pouco instruído. Ou pode ser instruído, pouco emotivo e pouco ungido.

7. O que o povo recebe nem sempre é o que o pregador disse. A recepção da mensagem pode estar condicionada a experiências prévias. Às vezes, o pregador quis dizer uma coisa e foi totalmente mal-interpretado.

8. Uma é a unção e a emoção do povo e outra, do pregador.

9. Pregador ou pregadora podem chorar bonito diante das câmeras e derramar sua emoção teatral, dar soco na mesa, andar de um lado para outro, exaltar-se, entrar em êxtase delirante, e tudo aquilo pode ser mentira e não ter nada de unção. Parece, mas não é, porque unção é uma coisa e emoção é outra. Atores fazem o mesmo nas novelas e arrebanham legião de fãs que, às vezes, até se esquecem de que o ator só está representando.

10. Alguns pregadores fazem isso: representam bem. Mas aquilo não é unção. Cabeça torta, palavras convictas, murros no púlpito, gritos irados, lágrimas não são sinal de que Deus está com o pregador. O povo talvez não perceba, mas estudiosos de comunicação sabem quando é unção e quando é teatralização.

11. Pena que nem sempre possam desmascarar o pregador ou pregadora que sabidamente não acreditam naquilo que fazem, mas o fazem com maestria de atores da fé.

12. Unção têm a ver com conteúdo; emoção com sentimento. Pode-se chorar alto e muito por coisa pouca e chorar pouco ou nem chorar por coisa muita.

13. Pode-se ter êxtases sobre quase nada e êxtases sobre muito. *Phrônesis, theoria, êkstasis* (que acentuamos para identificar a

pronúncia) são palavras encontráveis em Aristóteles, para mostrar comportamentos diante da fé ou da verdade. Ele dizia que muitos fiéis vão ao templo não para *mathein*, mas para *pathein*. O pregador de *phronesis* (o enfronhado) tem mais sucesso que o pregador de *theoria* (o contemplativo e aprofundador). Não é que uma valha menos que a outra, são armazenamentos e enfoques. Ninguém deixa o temperamento em casa quando vai ao templo. Então, é natural que o fiel emotivo ache que o padre que mexe com suas emoções tenha mais unção que o outro que puxa por sua inteligência.

Nos dias de hoje, cheios de televisão e rádio, e de testemunhos de vida, milagres à vista, curas inimagináveis, algumas delas nunca provadas, garantias de que Deus disse, falou, revelou, deu recados, os fiéis estão entre duas propostas de fé: repouso em Deus ou procura pela verdade sobre Deus.

Há os que creem porque acham que acharam e os que creem porque querem mais e prosseguem em sua procura. Que tipo de pregação você fará? Bernardiana ou abelardiana? Meisteriana ou rolleriana? *Mathéin* ou *pathéin*? Via intelecto ou via sensitividade? Atingido pela luz ou atingido pela procura da luz? Deus lhe revelará coisas novas que lhe darão autoridade, ou o que já foi revelado à Igreja através dos séculos lhe basta para sua credibilidade de evangelizador?

ESTAMOS EM CRISE E ELA É POSITIVA

Tudo o que nos obriga a reavaliar nosso lugar no mundo e a repercussão do que anunciamos é positivo. Há crises que derrubam e crises que nos sacodem e nos levantam.

A crise dos púlpitos de agora podem sacudir-nos se soubermos avaliar, diagnosticar e prognosticar com base no que vemos e ouvimos.

O leitor exclamará: “Crise? Que crise? Não vai tão mal assim!” As notícias geradas pela Igreja ou em torno da Igreja nos questionaram e questionarão mais de uma vez. Estávamos preparados para as mídias que geramos e para nossa presença nas outras mídias?

Com o leitor a palavra! Enquanto isso, comecemos nosso livro!

QUATRO EPISÓDIOS E UMA ATITUDE

Primeiro episódio

A Bíblia é um conjunto de livros a serem lidos por inteiro e dentro de contextos. Não se fica nos textos isolados. Eles servem aos fanáticos e aos mal-intencionados. É por isso que ela não é “palavras sobre Deus”, mas “Palavra de Deus”.

Quando Jesus foi confrontado pela **mídia religiosa do seu tempo, por sinal, contrária a Ele** e a serviço do sistema *religioso-político-econômico* vigente, e provocado sobre a relação *dinheiro-templo-poder,* percebeu, de imediato, aonde seus entrevistadores queriam chegar (Mt 22,17-21). Queriam minar-lhe a autoridade e a credibilidade, jogando-o contra o povo, contra as autoridades e contra as Escrituras.

Não é que toda a mídia de então não prestasse. Mas alguns eram abertamente tendenciosos.

Na mesma Bíblia, sobre o assunto dinheiro e poder, há trechos que proíbem pagar imposto ao estrangeiro e textos e práticas que o aceitam como forma de sobrevivência. Os judeus sabiam quando ser sediciosos e quando colaborar. Quem se opusesse frontalmente ao poder invasor, morria massacrado. Quem descobrisse um jeito de se opor, sem deixar de colaborar no que não afetasse a prática de sua fé, fazia disso causa nacional. Era melhor ceder no pouco do que em tudo.

Eleazar não cedera nem no pouco e morrera sob torturas. Daniel não cedera e fora jogado ao fogo. No tempo de Jesus, porém, as autoridades religiosas tinham cedido e até permitiam que o Templo arrecadasse para a fé e para o invasor. Jesus fez um chicote e expulsou os vendilhões, virou as mesas dos cambistas e mandou os vendedores de pombas saírem de lá. As pombas não tinham culpa. Não derrubou suas gaiolas... (Mt 21,12-13). Mas enfrentou aquela relação espúria. Incomodou os do poder... Eram tais os seus atos e palavras que um dos colaboradores do invasor romano disse:

– *Se o deixamos prosseguir com estes atos, todos crerão nele, e virão os romanos, e tirar-nos-ão o nosso lugar e a nação* (Jo 11,48).

Foi uma das leituras feitas naqueles dias.

Desta vez, os entrevistadores a serviço dos adversários de Jesus armaram uma cilada.

– *É lícito pagar imposto a César?* (Mt 22,17)

1. O entrevistado Jesus podia negar-se a responder e seria vilipendiado por isso. Profeta que foge da controvérsia?

2. Poderia dizer que sim, e isto o jogaria contra a parcela de judeus que não considerava "lícito", mas achava que Israel no momento não tinha outra escolha. Os romanos massacravam sem dó nem piedade quem lhes negasse o tributo de povo subjugado. Era melhor conviver para sobreviver.

3. Poderia responder que não era lícito, e a mesma parcela com as outras vertentes políticas de Israel o veriam como sedicioso, inimigo de César e de Israel. Aliás foi esse um dos argumentos usados para pedir sua condenação. Tinha ido contra o Templo e contra César...

Percebendo que a entrevista o deixava sem saída, pediu uma moeda e lha deram. Chamou-os de hipócritas e perguntou por que lhe armavam aquela cilada... Se eles usavam a moeda do invasor, então por que queriam saber sua opinião? Que continuassem dando a César o que era de César e a Deus o que era de Deus (Mt 22,17-22).

Não esperavam por essa reação! A mídia religiosa adversária perdera! Mas a crise prosseguiria. Jesus teria de ser derrotado! O mesmo teor tinham as ciladas sobre a ressurreição (Mt 22,23-33) e sobre o maior dos mandamentos (Mt 22,35-46), e sobre sexo, casamento e divórcio (Mt 19,3-12). Eram ciladas que os escritores registraram para mostrar como Jesus enfrentava a mídia e a opinião de seu tempo, sem ser ingênuo nem perder a compostura.

Jesus enfrentou a mídia sem ingenuidade! Eles sabiam o que queriam e Jesus sabia o que eles queriam...

Segundo episódio

A Bento XVI, tido por considerável parte da mídia atual como conservador – e alguns, sem provas maiores, o chamam de omisso –, desafiaram para que emitisse sua opinião sobre os episódios de pedofilia, trazidos à luz já no início de seu pontificado.

1. Se ele fugisse do assunto seria acusado de medroso e omisso.
2. Se respondesse numa coletiva, os entrevistadores não o deixariam discorrer calmamente sobre os fatos e dar sua opinião serena. Alguém a serviço de correntes contrárias à Igreja tentaria arrancar uma frase comprometedora dele como, de resto, um jornalista fizera, ao tirar uma frase sua fora de contexto sobre o profeta Maomé.

Foi jogo de poder. Lançaram o Papa contra o Islã. Assunto que ele resolveu conversando com os líderes islâmicos. Esses também estavam encurralados, porque fora Ali Agca, um autoproclamado islâmico e de mente instável, que tentara matar o papa João Paulo II em plena Praça São Pedro. Não interessava a eles prosseguir numa guerra criada por um tipo de mídia que não morre de amores nem pelos católicos nem pelos islâmicos. Resolveram o caso, como o assunto deveria ser resolvido.

3. Se minimizasse o fato dizendo que, segundo a revista protestante *Christian Science Monitor,* as igrejas protestantes dos Estados Unidos são atingidas pelo crime de pedofilia em escala maior que a dos católicos (p. 49), estaria acusando outras igrejas para se desculpar.

4. Se dissesse, com o criminologista Christian Pfeiffer, que os católicos ligados à administração católica, culpados de pedofilia, não chegavam a 1% e os sacerdotes não perfaziam 0,03% do total dos crimes semelhantes registrados no mundo em 2008, seria duramente atacado pelos entrevistadores sobre tais estatísticas...

Quando, pois, o jornalista Peter Seewald colocou-lhe esses dados e, baseado neles, fez a pergunta, o papa respondeu que o jornalista já dera a resposta, mas mesmo assim não iria diminuir a culpa dos sacerdotes e católicos que haviam cometido um crime que, segundo ele, era uma *imundície*...

Respondeu onde poderia falar, sem ser tirado fora de contexto nem interrompido. E o fez em mais de 20 páginas repletas de dor e de franqueza sobre os pecados da Igreja, no livro *Luz do Mundo.*

Quem quiser saber sua opinião, leia o livro; se quiser discordar, discorde, mas o papa não daria entrevista coletiva sobre o assunto. Seria instrumentalizado, como fora no episódio do seu pronunciamento sobre o Islã.

Que olhassem o contexto! O papa Bento XVI não era ingênuo!

Terceiro episódio

Mês de abril, jovem sacerdote de 40 anos, famoso, que se atirou de corpo e alma na mídia, por acreditar que a Igreja quer seus pregadores fazendo uso da mídia (e, de fato, quer), dá uma entrevista em revista secular que, frequentemente, coloca a Igreja em luz negativa perante seus leitores. Vai queixar-se de sua Igreja em território inamistoso!

Abre o coração e, ali, deixa escapar graves acusações contra seus colegas padres e contra autoridades da diocese onde mora, por achar que fora injustiçado quando da vinda do papa ao Brasil. Prato quente para uma revista que joga com a polêmica sobre temas políticos e religiosos e assume um jornalismo crítico, coisa que numa democracia faz sentido, desde que não se destrua as pessoas.

O sacerdote tem muitos méritos. Faz rádio e televisão e fala a milhões, vendeu milhões de álbuns de canções, reúne milhões de pessoas para o louvor, exerce fascínio sobre multidões, fez filmes, escreveu um livro com alta vendagem. Não é um pregador comum, concordemos ou não com o conteúdo de suas pregações. Ele chega ao povo. Em palavras dele mesmo, sentia-se merecedor de um pouco mais de respeito. No entanto, fora afastado das celebrações e impedido de estar perto do papa...

Não buscou os trâmites fraternos. Falou em reparação e de cala-boca nos que o isolaram, foi desaguar sua mágoa e seu ressentimento de quatro anos nas páginas amarelas de uma revista, que não se sente na menor obrigação de defender a Igreja Católica e de cujas posições muitos de seus articulistas discordam abertamente.

Pois foi lá que o jovem sacerdote desabafou suas desavenças com um grupo de irmãos da sua fé. Paulo fala sobre foros adequados para tais diferenças de opinião na sua carta aos Coríntios 1Cor

6,1. A entrevista repercutiu mal em praticamente todos os setores pensantes da Igreja e das Igrejas cristãs. E não são poucos...

Um jornalista católico, em linguagem de jornalista, respondeu com isenção, posicionando claramente os fatos, sem ofender o sacerdote, já ferido na alma. A revista não católica coerentemente estampou a resposta e, depois, não mais voltou ao assunto. Não seria adequado nem para a revista, nem para o sacerdote, nem para a Igreja, que não fugiu da polêmica e que, para fins pedagógicos, admite que se toque no assunto *mídia-igreja*. É o caso dessas linhas. Ingênuos? Quem?

Quarto episódio

O Brasil sabidamente tem milhares de pequenas igrejas, dezenas de correntes de fé atuando na mídia e centenas de pregadores que dizem curar a AIDS, o câncer e centenas de outras enfermidades.

E o fazem em templos, em estádios, pelo rádio e diante das câmeras de televisão de emissoras religiosas. Dizem que é Jesus quem cura ou algum santo, ou algum espírito, através de algum pregador daquela fé. No universo de milhares de pregadores evangélicos, pentecostais, espíritas, alguns sacerdotes católicos também o fazem.

Sendo a Igreja Católica o maior grupo religioso do Brasil e tendo recentemente aparecido mais, por conta de suas celebrações, da beatificação de João Paulo II e de Irmã Dulce, e agora do Papa Francisco, não poderiam os católicos reclamar de perseguição quando uma reportagem mostrava um sacerdote católico como curandeiro e praticante de medicina ilegal. De resto, a mesma emissora já denunciara outras igrejas.

Tempos difíceis para uma igreja que recebe cobertura ao enaltecer seus santos e beatos e é obrigada a aceitar reportagens sobre práticas questionáveis e condenáveis de alguns de seus sacerdotes. Exposta à luz e exposta às sombras. Mas não tem sido essa a sua história nestes vinte séculos desde Pedro? O sacerdote aceitou dar a entrevista. Por que o fez? Só ele saberá dizer.

A IGREJA NOTICIADA

A Igreja sempre foi notícia. Os episódios que Jesus e os apóstolos enfrentaram, as controvérsias que Paulo encarou, os conflitos internos que afetaram a Igreja dos primórdios, tudo isso foi notícia explorada por adversários ou malprocessada dentro da igreja.

O nascer de seitas e conflitos homéricos causados por sacerdotes, que tinham se tornado notícia maior que *A Boa Notícia,* levaram mil vezes os pensadores da fé a refletir sobre esse conflito milenar entre o homem e a notícia, o fato e o agente do fato.

Ário, Nestório, Marcião, Donato, Montano. Lutero, Swinglio, Calvino, Henrique VIII tornaram-se notícia por conta de sua maneira de ver a Boa-Nova. Criaram novos movimentos e igrejas e outra vez tornaram-se notícia.

Foram notícia também Bento de Núrcia, Francisco de Assis, Inácio de Loyola, Teresa de Ávila, Vicente de Paula, João XXIII, João Paulo II, Teresa de Calcutá, Irmã Dulce, Dom Helder Câmara, Dom Paulo Arns, Dom Pedro Casaldáliga, Leonardo Boff, Josimo Tavares, Dorothy Stang.

De um jeito ou de outro, com boas ou segundas intenções, a mídia de seu tempo repercutiu seus discursos e, no caso dos libertadores católicos, sua morte em defesa de seus irmãos. Assim, também viraram notícia alguns padres cantores que apareceram em programas de auditório, venderam milhões de canções e reuniram milhões de fiéis. E houve os graves desvios, também noticiados à farta. Notícia triste!

Intencionalmente ou não, todos eles tornaram-se notícia. A Igreja noticiadora da Boa-Nova tornou-se, muitas vezes, noticiada na pessoa de seus sacerdotes e leigos famosos. Ao dar a notícia, pelo modo como a deram, viraram notícia.

ESTAVAM PREPARADOS?

A bem da verdade, ninguém está. Poucos exercem controle sobre a notícia que criam. Uns, porque não entendem o fenômeno que se tornaram; e outros, por se acharem capazes de controlar os veículos e a situação. Descobrem tardiamente que não estavam prontos para a repercussão que buscaram e geraram. Formigas pequenas que se acharam capazes de levar a folha inteira... Não lhes bastou levar o pedacinho que lhes cabia! *Notícias às vezes se agigantam sem que o noticiado cresça na mesma proporção...*

Jesus soube enfrentar os fabricantes de fatos e notícias da época e tinha controle sobre os acontecimentos. Nós, raramente. A notícia às vezes é maior e às vezes se torna maior que nós! É como o cavalo xucro que pensamos domar por alguns segundos, mas ele sempre se liberta do peão, a não ser que o peão o tenha domado. Então já não será mais xucro! A mídia costuma ser indomável. Ela cresce, e nós, nem sempre!

Jesus podia dizer aos adversários que a hora deles havia chegado. Sinal de que antes a hora era dele!

Tenho estado todos os dias convosco no templo, e não estendestes as mãos contra mim, mas esta é a vossa hora e o poder das trevas (Lc 22,53).

Ele também dissera:

Por isto o Pai me ama, porque dou a minha vida para tornar a tomá-la. *Ninguém a tira de mim, mas eu de mim mesmo a dou; tenho poder para a dar, e poder para tornar a tomá-la. Este mandamento recebi de meu Pai* (Jo 10,17-18).

Falava como quem controla a situação. Não é o caso da maioria dos que enfrentam a mídia. Quase sempre o poder da mídia os envolve e eles se tornam instrumentos. Se aceitarem o esquema, prosseguirão em evidência. Se não aceitarem, irão a escanteio. Foram úteis por algum tempo. Já não são mais notícia, não geram e não servem como notícia. Há notícias descartáveis e há noticiados descartáveis...

Jesus foi notícia, gerou notícia e continua a gerá-la, porque personificou uma mensagem ultratemporal. Nós passamos e muitos de nossos atos passam, efêmeros que somos, pouco profundos que somos.

Olho os noticiados de agora. E eu fui um deles, mas sempre em escala menor, por escolha pessoal e orientação de quem sabia das coisas. Convites não faltaram. Nunca assinei aqueles contratos. Vejo os livros e as capas de novos arautos, com rostos juvenis e sorridentes de pregadores da fé usando a mídia e projetando sua imagem e seu rosto nas livrarias.

Entendo seu marketing e a notícia que levam, expondo seus rostos juvenis, felizes e sorridentes de cantores, pregadores, arautos do evangelho. Seus rostos são notícias a sustentar suas palavras. Eles acreditam na eficácia da sua imagem.

Mas são pregadores da Palavra do Deus que não tem rosto, e, quando assumiu um, não havia fotógrafos por perto, então não sabemos exatamente como era seu rosto.

É de se ver se estão preparados para sustentar rosto e mensagem e por quanto tempo... Lidam com o perene, mas acentuam e ostentam o efêmero de um rosto que terá mudado em poucos anos. Estão preparados? Estive eu que, a partir de determinado momento, decidi diminuir ao máximo minha imagem e acentuar ao máximo a mensagem?

Estou certo e eles errados? Estão certos e eu errei por 45 anos? Os tempos mudaram até que ponto? Isso de imagem e mensagem não vem desde aqueles dias de perseguição ao pregador de Nazaré? Que imagem projetou Ele de si mesmo? Que imagem projetaram dele?

CRISE DE IMAGEM E DE MENSAGEM

Como anunciar Jesus Cristo em tempos de crise de imagem e de mensagem? Aconselho alunos e leitores a lerem Jean Baudrillard: *A transparência do mal*. No livro ele analisa a crise de mídia, de imagem, de mensagem e os personagens que viveram das três, como Cicciolina, Michael Jackson, Madona, Elvis Presley.

No que ele chama de *Era da Pós-Orgia* e que Zigmunt Bauman chama de "líquida", pela falta de solidez e de referenciais, quais os referenciais dos comunicadores da fé católica?

Citam o papa, os documentos, o pensar de sua Igreja através dos tempos ou falam 90% do tempo mais de si mesmos? Depois de ouvir por 30 minutos um pregador da fé na mídia, poderíamos lembrar de quem ele falou por mais tempo? Que pensamentos filosóficos e morais ele passou aos ouvintes? Foi porta-voz de quem? Que cultura levou aos ouvintes ou espectadores?

Paulo afirma não ter tido outro propósito do que pregar Jesus Cristo e este crucificado (1Cor 2,2). Não parece ter apostado demais em seu talento de comunicador de massas. Não mostrou ilusões de salvar a humanidade. Seu projeto foi bem menos midiático, menos multitudinário e menos ambicioso. Dava-se por feliz se, de alguma maneira, tivesse salvado alguns... (Rm 11,14). Não fala em Cristo para milhões. Poderia, afinal viajou mais que todos os outros apóstolos... Seu zelo jamais foi calculado em números. Se tivesse gravado discos e vendido livros, será que divulgaria quantos vendeu? Se reunisse multidões, será que divulgaria o número? Perguntas provocadoras e incômodas na era do marketing que considera eficiente quem chega a milhões de ouvidos. Não bate com a teologia do pequeno rebanho! Jesus dizia que bastariam dois ou três reunidos em seu nome para Ele ser encontrado também ali! Sua primeira eucaristia foi para menos de quinze pessoas. Não deve ter pensado em números naquela hora...

A notícia requeria coragem e nenhum medo de perder a popularidade. Pedro não fez média. Levantou-se diante dos que haviam matado Jesus, apontou-lhes o dedo em riste e os apostrofou como crucificadores do Cristo (At 2,36). Não falou para agradar, mas fez adeptos: três mil deles. Nada mau para um pescador que pela primeira vez enfrentou tamanha mídia, ele que fracassara diante da empregada que o enfrentara no dia do julgamento de Jesus... (Jo 18,17).

Os apóstolos não deviam nada a nenhum diretor de televisão ou de rádio. Julgava seu dever obedecer a Deus e não aos homens... (At 5,29). Pedro lembra, ainda, que pregar a Palavra num tempo de crise, quando a igreja era contestada e perseguida, não daria lucro. Se desse, deveriam desconfiar de sua pregação. Sofreriam por sua sinceridade.

Quem anuncia Jesus, não busque aplauso e ovação (1Pd 2,20-25). E Jesus em João 10,1-10 convida os pregadores a serem pastores que entrem pela porta e não entrem nem saiam pela tangente, porque neste caso seriam salteadores, marginais, e não pastores do povo.

Teriam de andar no meio do povo. Nada de subir ao púlpito e palco para dar o recado e, depois, fugir pela tangente, e não se misturar. Queria pregadores que se deixassem tocar e conhecer pelas ovelhas, caminhassem à frente delas. Porque uma coisa é caminhar à frente e misturar-se e outra é postar à frente sob holofotes, pregar e ir embora sem se misturar com elas... Os tempos midiáticos podem levar a essas distorções.

ESTAMOS PREPARADOS?

Estamos preparados para o mundo dos holofotes, dos microfones e da mídia, que talvez nos aplauda por sermos bons comunicadores, enquanto picham nossa mãe Igreja? E aceitaremos que nos elogiem e falem mal da mãe que nos formou? Falaremos claro com os entrevistadores, mesmo se com isso perdermos uma boa cobertura, já que o poder está com quem entrevista?

Estamos preparados para viver a era midiática do "sou visto, logo existo", que substituiu, em muitos aspectos, a era pascaliana do "penso, logo existo"?

Converter-nos-emos numa igreja visual, virtual, de mensagens e aparições a jato, sem laços com a comunidade ou sem cumplicidade com os que ficam e ali criam laços?

Vencerão os pregadores cuja imagem que vem de longe, pelas antenas, chama a atenção dos fiéis de todas as paróquias e dioceses sobre sua imensa simpatia e comunicabilidade, ou vencerão os que se misturam com o povo e têm o que dizer a ele porque se misturaram?

Como conseguiremos colocar a imagem do padre e do leigo que vem de longe, pela antena, com a do padre que vive ali para darmos credibilidade à Igreja que foi lá e vive lá?

Imagem versus mensagem, mensagem versus imagem, ou imagem a serviço da mensagem? O que é mais mensagem: a imagem ou a Palavra?

Tudo isso deve ser discutido, num tempo em que, procurando segurar os fiéis que sofrem da tentação de ir embora para outros pastores e outras igrejas, aparecem os pastores católicos de imagens e apelos fortes. João XXIII, João Paulo II foram tais pessoas. O papa Francisco é excepcional no que diz e no que faz. Mas antes de Francisco seu conteúdo era intencionalmente eclesial. E nós, que somos vistos diária ou semanalmente na mídia e projetamos nossa imagem de padres idosos ou jovens, temos conteúdo tão forte quanto nossas imagens?

Não seria o caso de todos os sacerdotes e leigos, que aparecem diária ou semanalmente na televisão, reverem o conteúdo do que dizem? Está seu conteúdo menor que seu rosto e sua simpatia? Ou o que dizem é mais forte que seu rosto iluminado pelos holofotes? Palco ou púlpito? Papel ou testemunho de vida? Teatro ou verdade?

Comecemos por esse duro exame de consciência.

UM PAÍS À SUA ESPERA

Se você pretende anunciar Jesus nos próximos trinta ou cinquenta anos e dizer ao Brasil quem foi Jesus e o que Jesus pode oferecer a quem nele crê, saiba para que Brasil você o anunciará.

Éramos um país pobre e os números ainda deixam muito a desejar, mas nos últimos 40 anos demos um passo gigantesco e aos trancos e barrancos somos hoje uma das dez economias do mundo, com chances de ser a quinta ou a quarta em menos de dez anos, se o governo não pisar na bola!

Vale dizer que você estará pregando para o quinto ou quarto país mais rico do mundo, com 46 a 50% de classe média, 10 a 13% de ricos e 25% em ascensão. Os estudiosos de antropologia, sociologia e economia projetam menos de 8% de pobres daqui a 20 anos.

Se você pregar apenas para os pobres, estará pregando apenas para 8% da população, como aqueles que hoje pregam um catolicismo pentecostal para menos de 8% dos católicos. Esses são os números. Talvez seu discurso tenha de mudar do *povo que louva* para o *povo que louva e partilha*, porque o Brasil que enriquece a olhos vistos, ultrapassando a maioria das nações e com chance de estar à frente até dos Estados Unidos e da Europa em recursos e perspectivas, daqui a 30 anos, este Brasil precisará ouvir os púlpitos a falar ainda mais de justiça e paz. Muito dinheiro costuma gerar autossuficiência e levar a materialismos que desumanizam.

Se você nunca leu Amós nem Oseias, faça um favor a si mesmo. Os dois pregaram em Israel, o reino do Norte, que ia economicamente muito bem, mas moralmente muito mal. Pelos anos 750 a 722 a.C. a prosperidade bafejou aquele reino. Não havia nada que os cidadãos não comprassem. As exportações iam bem e o consumo foi à estratosfera.

Um pregador incômodo chamado Amós, que plantava sicômoros e cuidava de ovelhas, nem religioso era, saiu pela cidade dizendo que não era profeta nem filho de profeta, mas via um povo em crescimento econômico e em decadência moral. Anunciava um Javé que pedia partilha, diálogo, famílias sólidas e autoridade dos pais. As ruas tinham se tornado um lugar perigoso, com assaltos a toda hora, e hordas invadindo casas e espalhando o medo e o terror. Não via quem não queria! O dinheiro rápido e fácil desorientara Israel.

Ele não propunha pobreza ou miséria, propunha riqueza responsável, sem apadrinhados e sem corrupção no palácio e nos governos. Oseias seguiu o mesmo discurso. Pela mesma época, Isaías profetizava em Judá. Coisa parecida. Mas nem Judá nem Israel ouviram. O dinheiro tilintava mais que o discurso deles. Os ricos e os que estavam em ascensão não se emendaram. Em menos de 40 anos vieram a derrota e o exílio. Em 722 a.C. os assírios os venceram facilmente. Era muito dinheiro e pouca disciplina. A nação caíra no báratro do individualismo.

Os números de hoje nos são favoráveis: rios, mares, fauna, flora, minérios, petróleo, etanol, alta produtividade, clima favorável, flexibilidade social, vizinhança ainda forte, uma só língua, religiões que, bem ou mal, se não se abraçam ainda se respeitam, etnias sem graves conflitos, aumento de renda mínima para os pobres, mercado de trabalho favorável, crescimento sustentável de 5% ao ano.

Um presidente sociólogo cedeu a vez a um presidente torneiro mecânico e sindicalista que teve como vice um empresário; foi substituído por uma ex-guerrilheira aberta ao diálogo que venceu um concorrente, também ele, combatente contra a ditadura. Embora haja algumas vozes a pedir endurecimento do regime, o Brasil é democrático, umas das poucas nações com instituições independentes a regê-lo: executivo, judiciário, legislativo.

Você pregará para um país com mais classe média do que com pobres, e alguns bolsões de miséria que o governo tenta socorrer. Anunciará Jesus a um país inconformado com a pobreza, mas sem noção clara de direitos humanos e de justiça social. Mas existem avanços. Nossas igrejas, ONGs, instituições de auxílio e apoio preocupam-se com promoção social. Se há pequenos grupos que pregam apenas a fé pelo louvor, a verdade é que a grande maioria tem consciência de que a paz deve ser construída com diálogo.

Neste país você anunciará Jesus. Entre na internet e veja como a cidade de São Paulo é mais rica do que dezenas de pequenos países; o Estado de São Paulo é mais rico que muitas nações aqui mesmo da América Latina. Estados como Paraná, Rio Grande do Sul, Minas Gerais, Mato Grosso, Mato Grosso do Sul, Tocantins, Goiás produzem mais alimento que dezenas de países juntos. Estamos nos tornando o país dos alimentos, necessidade absoluta do mundo.

Temos condições de acabar com a miséria e até mesmo com a pobreza no Brasil. Vai depender da abertura de coração deste povo que ficará cada dia mais rico, porque temos o que o mundo quer e precisa.

Isto se acabarmos com nossa corrupção endêmica e investirmos na educação. Aí entra o pregador cristão com a doutrina moral e social de Jesus. Se você insistir em ensinar o povo apenas a orar e por sua visão anti ou apolítica não repercutir a doutrina social e política da Igreja, terá escolhido o caminho oposto ao de Isaías e Jeremias em Judá e de Amós e Oseias em Israel. Eles pediram justiça social e uma profecia voltada para a solidariedade e a promoção humana. Por isso são tidos como profetas. Ouviram e repercutiram os clamores do povo e falaram em nome dele a Javé e em nome de Javé pelo resgate dele.

O país saiu de uma crise econômica, tudo indica que a prosperidade durará algumas décadas, mas se a corrupção não for estancada, perderemos tudo isso.

Que tipo de pregador você será? Vai ensinar apenas a cantar, a orar e a louvar, ou vai alertar o povo quanto a seus direitos, chamar os ricos a dar sua contribuição para o país e alertar a classe média quanto aos riscos de pensar apenas em acumular e consumir. Pregará por mais família, mais unidade, mais autoridade, mais respeito às leis, mais justiça e mais partilha? Ecoará o Compêndio da Doutrina Social da Igreja?

A propósito, você já leu alguma vez a Bíblia por inteiro? O Catecismo por inteiro? O Compêndio da Doutrina Social por inteiro? Os documentos do CELAM e Caribe? Já leu algum livro de Teologia? Já leu algum tratado de Cristologia?

Como você anunciará aos brasileiros de agora que Deus esteve aqui e nos deixou um legado? Você acredita nessa verdade? E como pretende anunciá-la? Dizendo que Deus quebra o nosso galho e, quando estamos em aperto, Ele corre em nosso socorro? Basta acertar na oração? É daqueles que rezam orações eficacíssimas, como as de alguns manuais que ainda circulam entre devotos? Ou sua catequese lhe ensinou que o concedente das graças é Deus e Ele as concede não do jeito que pedimos, mas do jeito dele?

E não ao país que está ficando rico não vai dizer que Jesus exigiu que cuidássemos dos pequeninos e que lutássemos por mais justiça e mais partilha? Avisará o povo que, em Mateus 7,15-22, Jesus diz que não basta rezar para ganhar o céu e fazer o reino avançar? E em Mateus 25,31-46 Ele diz quem irá para o céu?

Pregará a doutrina social da Igreja ou será um pregador de bondades e de santidade pessoal que nunca alerta o povo contra os que põem em risco nossa democracia e nossa unidade? Que Jesus você anunciará a um povo que tem dois carros na garagem e muito mais que precisa em sua casa? Que Deus lhes deu tudo aquilo? E deu aquilo para quê? Você está preparado para ensinar esse "para que" em detalhes?

DOIS JOELHOS, DOIS OLHOS E DUAS MÃOS

Você já percebeu aonde quero chegar com as perguntas anteriores e, agora, com esse título. Para bom entendedor, poucas palavras bastam. Se se der ao agradável e necessário trabalho de ler outra vez a *Catechese Tradendae,* o Documento 84 da CNBB *Catequese com Adultos* e o *Documento de Aparecida*, então entenderá o porquê dos joelhos, o porquê dos olhos e o porquê das mãos.

1. **Sem prece** não se comunica Jesus com humildade.
2. **Sem leituras da fé** não se aprende o suficiente para comunicá-lo.
3. **Sem compromisso de libertação** e de solidariedade, nossa pregação torna-se um sonoro blá-blá-blá.

Joelhos que oram, olhos que estudam e observam, mãos que apoiam e ajudam. Eis o começo de uma espiritualidade própria do comunicador da fé.

Os textos são tantos que dariam cada qual mais um documento sobre

– *orar para anunciar,*
– *estudar para anunciar* e

– *servir enquanto anunciamos.*

Mas sugiro que conheçam bem:

a) *A Bíblia.*
b) *O Catecismo (CIC).*
c) *O Compêndio da Doutrina Social.*
d) *Os Documentos do CELAM.*
e) *Os Documentos da CNBB.*
f) *Livros de Catequese.*
g) *Livros de Teologia.*
h) *Livros de Sociologia.*
i) *Livros de Psicologia.*
j) *Livros de Antropologia.*
k) *Livros da História Universal.*
l) *Livros de História da Igreja.*

No momento sugiro que conheçam os livros de:

– Bento XVI.
– Jacques Attali.
– Jean Baudrillard.
– Zigmunt Bauman.
– Karen Armstrong.

Imagino que você os conheça e que seus mestres lhe apontarão outros 30 ou 50 autores relevantes para uma pastoral da comunicação. São autores abrangentes. Abordam comportamentos de indivíduos e de comunidades inteiras. Dissecam o nosso tempo e mostram de onde vem e para onde está caminhando a humanidade.

Com os livros de João Paulo II e Bento XVI que deixam claro que não podemos fazer média com o mundo, nem cair num perigoso relativismo, talvez tenhamos condição de ser pessoas convictas sem cair em iluminismos, pietismos, fanatismos, fundamentalismo e devocionismos estéreis. Típicos de quem entrou em sístole e não consegue de jeito nenhum viver a diástole da alma.

Fecham-se no seu grupo, na sua igreja e no seu pregador preferido.
Não sabem orar com os outros.
Não sabem cantar com os outros.
Não sabem pensar juntos.
Não conseguem ler os livros dos outros.
Gostam de pregar para os outros.
Não gostam de ouvir os outros pregadores.
Convidam os outros para seus lugares de prece.
Mas raramente comparecem aos encontros gerais da sua igreja.
Convocam, mas não se sentem convocados.
De tanto preservar sua preciosa comunicação, perdem a capacidade de preservar a comunicação eclesial e perdem a comunhão.

Por isso, comunicar Jesus Cristo hoje passa pela ascese dos joelhos, das mãos e dos olhos, e pela mística da unidade. Há um só Deus em três pessoas e nós queremos ser milhões de pessoas num só projeto.
Vamos aos conceitos.

COMUNICAR A FÉ

Comunicar a fé foi, desde a pregação e a morte de Jesus, **um desafio moral e mortal**. Os primeiros batizados e batizadores, com exceção de João, morreram mártires. João também foi martirizado com óleo fervente. Ousaram anunciar que Deus queria mudanças. A primeira e maior vítima foi Jesus.

Os maiores adversários deles foram outros crentes, alguns, membros do mesmo grupo. Isso mostra o quanto é difícil munir-se de suficiente humildade para pregar verdades sem perder o respeito por quem pensa diferente. Os próprios apóstolos tiveram que aprender esse respeito e corrigir sua postura de vencedores, primeiros, esquerda ou direita do trono (Mt 20,21-27).

Os comunicadores sofrem da eterna tentação de querer que sua mensagem chegue mais longe que a do outro. Com o tempo aderem a métodos anticristãos, para que sua ideia e sua proposta pastoral seja vitoriosa. Não o dizem, mas sentem-se mais porta-vozes da fé que os outros. Com o advento dos meios de comunicação, essa postura, tornou-se mais perceptível. Quem tem os meios, tem o poder e o exerce. Alguns o partilham com quem tem a mesma fé, mas a formula de maneira diferente. Outros, não! Aquele púlpito é deles e só vai lá quem concorda com a direção em gênero, número, preces, posturas. Discordar, que é algo fraterno, tornou-se proibido e visto como diabólico por alguns grupos tidos como cristãos. Dão a entender que discordar deles é discordar de Cristo e da Igreja.

O tempo é de crise mundial, nacional, econômica e ética; crise de valores, de dominação **pelas armas, pela economia e pela mídia** e desrespeito frontal a indivíduos, comunidades de nações, de ódio exacerbado, de terrorismo, de violência inaudita e de falta de diálogo. **É crise de comunicação global**, apesar do acesso quase que total do povo aos meios de comunicação. Mas recebem a comunicação que interessa aos donos desse poder (ver *Por uma outra Comunicação.* Denis de Morais (org.), Editora Record).

COMUNICAR PARA LIBERTAR

1. **Os meios de comunicação poderiam ajudar a libertar os pobres**, mas grande parte deles visa apenas ao interesse comercial ou se fecha na mensagem religiosa deste ou daquele grupo a oferecer salvação apenas a quem aderir ao seu esquema de fé. Em muitos casos não lhes interessam os pobres dos outros! Estabelecem como preço do resgate a adesão à sua fé, o que também se constitui numa forma de dominação. Vão à direção oposta de Jesus que curou sem exigir adesão e até mesmo não aceitou a adesão de alguns por Ele beneficiados (Jo 5,2-15; Mc 5,18-20). E aceitou como seus mensageiros gente que não fazia parte do seu grupo especial (Mc 9,39-40).

2. **O conteúdo** da comunicação veiculada **nem sempre é sadio, fraterno, aberto ou imparcial**. Até mesmo a violência é veiculada com glamour. O demônio anda em alta na televisão religiosa, embora digam combatê-lo. Há ênfase demais na sua atuação. Ou seja, o holofote de alguns grupos religiosos, por algumas horas, está apontando para o demônio. Na ânsia de desmascará-lo, colocam-no ainda mais em evidência, mesmo sob o pretexto de dominá-lo.

3. Por instilarem mais o medo e a insegurança que a paz e a concórdia, são tempos que exigem uma comunicação **libertadora** e **aproximadora**. Nem sempre os donos da mídia entendem ser essa a sua missão. Escolheram o *ethos* **consumo e diversão** como seu objetivo. O *ethos* **educação e cidadania** junto ao *ethos* **diálogo** e **fé** poucas vezes se fazem presentes em grandes programas populares de rádio e televisão.

4. Os cristãos e os demais religiosos que deveriam promover uma comunicação humana, baseada na verdade e na prudência, também eles não hesitam em se utilizar da **mentira e do marketing antiético**, com agressão aberta ou velada aos outros cristãos.

5. Em nome da conversão e de novos adeptos para Cristo **abusam do nome de Jesus**, da meia-fé, da meia-verdade e da deturpação para fazerem valer suas igrejas, ou, na mesma igreja, sua

forma de crer. Também eles encontram dificuldades de abrir espaço em seus veículos para irmãos de outras igrejas, às vezes até mesmo para irmãos da própria igreja, que tenham uma proposta pastoral diferente da deles.

6. Até o momento desta publicação, verifica-se fechamento intencional de alguns grupos. Agem como redomas. Preferem dar o microfone e as câmeras para pregadores quase adolescentes, com **visível deficiência cultural** e até com visível desconhecimento de psicologia e pedagogia, a dar para um teólogo ou um pregador maduro que não é da linha e do grupo deles. Vale apenas o seu enfoque, embora apregoem a unidade. O critério é o de adesão e busca de santidade daquela forma e não necessariamente de preparo e conhecimento da fé.

7. **Há uma crise na comunicação do mundo.** Inclusa também está **uma crise na comunicação religiosa**. O acesso dos religiosos aos meios de comunicação, em larga escala, agudizou a falta de diálogo entre as igrejas, por causa do proselitismo exercido de maneira frontal e desafiadora pelos detentores desses veículos. Isso acontece dentro das mesmas igrejas e, fora delas, com relação a outras denominações. Para quem concorda, tudo. Para quem discorda, nada. **São comunicadores excludentes.**

8. Um hospital cheio de médicos despreparados está em crise. **Mídia cheia de comunicadores despreparados é mídia em crise**. Gera e seguramente gerará crises. É como enviar um embaixador a outro país, sem que ele conheça o país, seus costumes, suas leis e sua língua. Vai ferir as relações bilaterais! Não saberá dialogar. Vai impor os métodos de seu país de origem, se o país for poderoso.

9. **Nascidos da comunicação de Deus e dos nossos pais**, nós cristãos acreditamos que a vida, mesmo a que não nasce do diálogo de corpos e de afeto, desde cedo se orienta para Ele. Sobrevivemos porque alguém entende a nossa comunicação de bebês e de

crianças; encontramos equilíbrio e segurança quando podemos comunicar-nos com liberdade e quando alguém se comunica conosco enquanto nos desenvolvemos.

10. Para nós, **a criação é um ato de comunicação permanente** de Deus, que criou e continua criando, comunicou-se e continua comunicando. Debruçou o seu ser, inclinou-se sobre a sua obra (Sl 8,3-4), importa-se com o que fez. Inclina seus ouvidos e ouve quem com Ele se comunica (*Redemptor Hominis 9-10*; Sl 4,1-3; 5,3; 18,6; 34,15; 130,2). O Livro dos Salmos, com as canções, os poemas e os hinos dos hebreus e dos cristãos, fala de um Deus que se comunica e que ouve a nossa comunicação.

11. **Somos frutos da comunicação de Deus**. Se Deus quisesse, poderia não ter criado, porque Deus se basta. Mas por ser amor (1Jo 4,8) Ele partilha e participa. Quis criar outros seres além dele, e se criou, foi por amor. Seu gesto criador foi e continua secundado por gestos de partilha e comunicação.

CHAMADOS A COMUNICAR

Os verbos **ir** e **anunciar**, com os verbos **amar** e **servir** são fundamentais para se entender a Igreja Católica. *Vinde e vede* (Jo 1,39); *ficai comigo* (Mt 26,38). *Eu vim para que todos tenham vida* (Jo 3,15; 3,36); *vou ao Pai* (Jo 14,2); *onde dois ou três estiverem reunidos, lá estarei* (Mt 18,20); *ide, anunciai, batizai* (Mt 28,19). *Eu vos envio!* (Mt 10,16).

A eucaristia celebrada pelos católicos contém essa dinâmica que espelha a doutrina de Cristo. O pão é para fortalecer a caminhada. Fazemos simbolicamente cinco procissões, como ato de quem se comunica e sai do seu lugar para ir ao encontro.

1. **Procissão de entrada ou acolhida**. Viemos comunicar-nos uns com os outros e com Deus Pai em nome de Jesus.

2. **Procissão da Palavra.** Levamos para perto do altar o livro que contém a comunicação de Deus e as histórias de como nossos antepassados se comunicaram com Ele.

3. **Procissão das ofertas.** Gratos, satisfeitos e felizes, retribuímos a Deus as graças recebidas. É um pouco do muito que Ele nos deu. Vamos a Ele de mãos estendidas ofertar e devolver o que a Ele pertence. Vamos como quem oferta.

4. **Procissão da comunhão**. Não vamos porque merecemos, e sim porque precisamos. Outra vez vamos de mãos estendidas em procissão, desta vez para pedir o pão do céu. Vamos como quem recebe.

5. **Procissão de despedida.** Saímos agradecendo e em missão depois de ouvir **"Ide em paz e que o Senhor vos acompanhe".**

A missa se compõe dos verbos **ir, encontrar, ouvir, falar, partilhar, dar, receber, caminhar, sair em missão**. São atos de comunicação qualificada e plena de propostas. É um resumo didático diário da missão dos católicos. É um ato essencialmente missionário. Cada missa é um envio missionário.

PREPARADOS PARA COMUNICAR?

1. **Os holofotes, o palco, as câmeras e os microfones podem cegar ou enfeitiçar quem os usa.** Podem deixar de ser instrumentos para se transformarem em tronos. O aplauso pode trazer mensagem errada. Ser aprovado e aplaudido pode significar que o comunicador disse algo que agradou e não necessariamente transmitir a verdade da Igreja. Há sempre uma forma de dizer sem dizer

e tornar-se popular exatamente por não tomar nenhuma posição. Agradar torna-se mais importante que evangelizar.

2. **Há também o oposto:** o que desagrada, desfaz, impõe, domina e ofende o povo de Deus, porque é dono do púlpito, da paróquia e da comunicação. Seu templo visivelmente esvaziou desde a sua chegada. Quem o vê e ouve, faz um vestibular para sair da paróquia ou da igreja, tal a brutalidade com que ele se manifesta. Gostou do poder espiritual e o exerce com tirania.

3. **O mundo precisa de comunicadores da fé, como precisa de comunicadores de outras verdades**. Há vendedores apressados agindo como cientistas apressados e vendendo placebos como se fossem medicinas eficazes. A pressa de vender e lucrar os leva a mentir sobre as qualidades do seu produto.

4. **Há pregadores apressados que na pressa de fazer discípulos mentem sobre sua Igreja** ou sobre seu grupo. Vendem como salvífico o que não é salvífico e divulgam milagres que não aconteceram, além de oferecer testemunhos que não são testemunhos. Ressuscitam práticas do passado como se fossem receita para o futuro. Enviam pregadores despreparados para a missão. **Alguns mal conseguem comunicar-se com os irmãos da própria igreja e já estão lá querendo converter outros para uma Igreja, cuja doutrina nem sequer conhecem nem assimilaram.**

5. Videntes sinceros, mas enganados, e videntes falsos, que sabem que enganam o povo, estão lá comunicando o que Deus não lhes mandou comunicar e dizendo que Deus disse o que Deus nunca lhes disse. *Deus me disse* virou modismo. *Deus está me dizendo* virou frase da hora. Jeremias enfrentou a mesma situação em Jr 14,14. Falsos profetas com falsas profecias enganavam o povo de Deus oferecendo uma paz falsa e fictícia, falando o que agradava aos ouvidos e prometendo o que não poderiam prometer. Anunciavam milagres que depois não se verificavam, mas continuavam a anunciar. Queriam ser vistos como profetas a qualquer preço nem que fosse o da mentira.

Simão, o Mago, um meio convertido, até quis comprar esse direito que lhe daria alguma proeminência (At 8,9-25; 2Tm 4,1-5).

6. Pelo conteúdo de alguns programas de rádio e de televisão da última década, forçoso é dizer que muitos cristãos, jovens e adultos, de vida até pura e santa, mas despreparados e sem estudo algum **assumiram missão para a qual não estavam prontos**.

7. O piedoso desejo de converter almas para Cristo fez deles **novos cruzados despreparados, querendo conquistar a nova Jerusalém**, sem armas e sem um projeto. Não conheciam suficiente catequese para assumir a missão que assumiram. Sem maior conteúdo que sua conversão, falaram dela e de como Cristo fizera maravilhas na vida deles. Na hora de transmitir o que disseram os apóstolos naquele tempo, os papas e os bispos, nas últimas cinco décadas, confundiam-se porque simplesmente não haviam lido nada além de seus piedosos livros de oração ou de testemunhos.

Não foram poucos! Poucos eram os que realmente sabiam o catecismo! Colhemos até hoje os frutos desses pregadores apressados e despreparados. Deram frutos, mas poderiam ter dado bem mais se tivessem lido os teólogos, os documentos da Igreja e a Bíblia! Mas como achavam que no seu grupo estava todo o catolicismo que precisavam?

COMO OVELHAS ENTRE LOBOS (Mt 10,16)

Houve e há belíssimas e consoladoras exceções. Aquele engenheiro, o contador; o médico que estudou as propostas da Igreja sobre sexo e reprodução, o ferramenteiro que conhecia toda a Bíblia, o mecânico que lera dez encíclicas de João Paulo II, o rapaz que estudava direito, a menina que estudava jornalismo e pesquisava história da Igreja, a advogada que se interessou pela doutrina moral da Igreja e por direito canônico, o casal de promotores que se aprofundou no direito da família, o líder de grupo que leu todos os documentos e todas as encíclicas dos últimos papas.

Mas sofriam como ovelhas entre lobos, porque nem sempre acharam espaço nos veículos da própria Igreja para ensinar o que sabiam. Viam gente desinformada dirigindo programas de uma ou duas horas e eles nem eram chamados. Ofereceram seus conhecimentos, mas não eram do time que tocava aquela emissora!

COMO SE FOSSEM OVELHAS (Mt 7,15)

Há ovelhas entre lobos e há lobos entre as ovelhas. Jesus dá a dimensão desse drama em Mt 24,21-28. Ele prevê um tempo em que muita gente usará o nome dele ou o pretenso envio em nome dele, para atrair adeptos para o seu lugar. "Venham lá, está lá no deserto, sabemos onde Ele está, nós o levaremos ao Cristo, porque Ele está conosco e somos os seus novos porta-vozes. Os outros falharam. Milagres, só nos nossos templos."

Jesus chama a tais pessoas e abutres porque gostam de carniça e de podridão (Mt 24,28). A diferença entre ovelhas e lobos está nos verbos **usar** e **abusar**. Almas sinceras usam da comunicação para levar mensagens de alguém para alguém, de um Outro para algum outro. Corações com projetos espúrios abusam da comunicação. Ela é veículo para a promoção de si, do grupo ou de interesses que não se coadunam com as propostas da fé. Usam da boa fé do outro e mais excluem que incluem.

À maneira de lobos

Há um tipo de comunicação religiosa que visa aos números e cifras. Sobre isso fala Bento XVI, quando ainda Cardeal Joseph Ratzinger, na entrevista dada a Peter Seewald: *O Sal da Terra.*

Há outro que realmente quer que Jesus seja amado. Jesus manda tomar cuidado com árvores de maus frutos ou lobos que se fingem de ovelhas suaves e meigas e, com fala mansa, espalham doutrinas erradas (Mt 7,15-23). São falsos profetas. Parecem bonzinhos, mas uma vez no poder agem com ferocidade. São palavras de Jesus! Experimente contestá-los para ver o que acontece! Levam à contestação como ofensa a Deus.

Fogem do diálogo

Tais pregadores fogem do diálogo ecumênico como o demônio foge da cruz. Mas dão um jeito de chamar o ecumenismo de cilada e armadilha do demônio para afastar o verdadeiro crente da unidade deles e da única verdade verdadeira. Não há o menor desejo de ouvir o outro e admitir que Deus também atua nele e o ilumina. Elegeram outras igrejas ou grupos como inimigos da fé e da verdade e assim agem. O depósito da fé não está mais com a Igreja, mas como o grupo deles. Os novos guardiões do evangelho e da pureza da fé são eles. Tais comunicadores existem em todas as igrejas e dificultam enormemente o caminhar dessas igrejas. Possuem poder de comunicação, mas carecem de conteúdo que contemple a presença de todos os segmentos daquela Igreja. Parcializaram a fé.

Sugestão para leitura: *Do púlpito para as antenas* – A difícil transição. Paulinas, 2007, ver p. 75-85.

OS COMUNICADORES DA FÉ NO BRASIL

Há os bons. Não se autopromovem. Usam pouco a palavra **eu**. Se chamados vão lá e falam. Não convocados participam sem procurar holofotes ou microfones. São sinceros, honestos; sabem ouvir; aplaudem os acertos dos outros; dialogam com todos; oferecem seus microfones e seu palco para os outros; não consideram inimigo ou concorrente quem prega ou pensa diferente; sabem expor suas ideias respeitando as dos outros; sabem discordar sem cair em discórdia; não aparecem demais; esforçam-se por jogar os holofotes nos outros; aceitam críticas, quando fazem as suas, fazem com clareza, cuidando em elogiar o que vai bem; são fraternos e entendem que estão lá a serviço da igreja e da diocese. Não têm medo de se expressar. Se as autoridades da Igreja lhes pedirem para silenciar ou corrigir algo, fazem-no com humildade. Incomodam, mas são transparentes. Não escondem suas convicções, mas admitem que o outro pode ter algo melhor em determinados aspectos. Guiam-se pelos documentos da Igreja sobre os meios de comunicação. Buscam profundidade na simplicidade. Há muitos que atuam nessa linha.

Há os medíocres. Sinceramente falando, talvez nenhum grupo ou igreja os convidaria, se não tivessem comprado horários, programas e emissoras. São mais empreendedores que comunicadores. Compram aquele espaço não para os outros, mas para eles mesmos. E, lá, fazem tudo para serem proeminentes. Apresentam-se demais e acentuam demais o seu eu. Todos nós precisamos nos examinar para ver se não é o nosso caso. Uma coisa é ser chamado a liderar um programa em nome de uma emissora e lá abrigar centenas de outros convidados. Outra é adquirir espaço e, lá, mostrar-se o centro das atenções. O convidado tem autoridade. Quem comprou o espaço, vai precisar provar que não está lá para se promover. Uma releitura de Simão, o Mago (At 8,9-25), que não se convertera de verdade, ou dos sete filhos de Ceva (At 19,15-18), pode iluminar nosso estudo. Quiseram uma profecia que não era deles e se expuseram a riscos, ao mesmo tempo em que expuseram os fiéis ao risco do embuste.

At 8,5-21 – Simão o Mago:

5E, descendo Filipe à cidade de Samaria, lhes pregava a Cristo.

6E as multidões unanimemente prestavam atenção ao que Filipe dizia, porque ouviam e viam os sinais que ele fazia.

7Pois que os espíritos imundos saíam de muitos que os tinham, clamando em alta voz; e muitos paralíticos e coxos eram curados.

8E havia grande alegria naquela cidade.

9E estava ali certo homem, chamado Simão, que anteriormente exercera naquela cidade a arte mágica e tinha iludido o povo de Samaria, dizendo que era um grande personagem,

10à qual todos atendiam, desde o menor até ao maior, dizendo: "Este é a grande virtude de Deus".

11E atendiam-no, porque já desde muito tempo os havia iludido com artes mágicas.

12 E creu até o próprio Simão; e, sendo batizado, ficou de contínuo com Filipe; e, vendo os sinais e as grandes maravilhas que se faziam, estava atônito.

13Os apóstolos, pois, que estavam em Jerusalém, ouvindo que Samaria recebera a palavra de Deus, enviaram para lá Pedro e João.

[14]Os quais, tendo descido, oraram por eles para que recebessem o Espírito Santo

[15](Porque sobre nenhum deles tinha ainda descido; mas somente eram batizados em nome do Senhor Jesus).

[16]Então lhes impuseram as mãos, e receberam o Espírito Santo.

[17]E Simão, vendo que pela imposição das mãos dos apóstolos era dado o Espírito Santo, ofereceu-lhes dinheiro,

[18]dizendo: Dai-me também a mim esse poder, para que aquele sobre quem eu puser as mãos receba o Espírito Santo.

[19]Mas disse-lhe Pedro: O teu dinheiro seja contigo para perdição, pois cuidaste que o dom de Deus se alcança por dinheiro.

[20]Tu não tens parte nem sorte nesta palavra, porque o teu coração não é reto diante de Deus.

[21]Arrepende-te, pois, dessa tua iniquidade e ora a Deus, para que porventura te seja perdoado o pensamento do teu coração.

At 19,11-20 – Os sete filhos de Ceva:

[11]E Deus pelas mãos de Paulo fazia maravilhas extraordinárias.

[12]De sorte que até os lenços e aventais se levavam do seu corpo aos enfermos, e as enfermidades fugiam deles, e os espíritos malignos saíam.

[13]E alguns dos exorcistas judeus ambulantes tentavam invocar o nome do Senhor Jesus sobre os que tinham espíritos malignos dizendo: "Esconjuro-vos por Jesus a quem Paulo prega".

[14]E os que faziam isto eram sete filhos de Ceva, judeu, principal dos sacerdotes.

[15]Respondendo, porém, o espírito maligno disse: Conheço a Jesus, e bem sei quem é Paulo; mas vós quem sois?

[16]E, saltando neles o homem que tinha o espírito maligno e assenhoreando-se de todos, pôde mais do que eles, de tal maneira que, nus e feridos, fugiram daquela casa.

[17]E foi isto notório a todos os que habitavam em Éfeso, tanto judeus como gregos; e caiu temor sobre todos eles, e o nome do Senhor Jesus era engrandecido.

[18]E muitos dos que tinham crido vinham confessando e publicando os seus feitos.

[19]Também muitos dos que seguiam artes mágicas trouxeram os seus livros, e os queimaram na presença de todos e, feita a conta do seu preço, acharam que montava a cinquenta mil peças de prata.

[20]Assim a palavra do Senhor crescia poderosamente e prevalecia.

Há os mal-intencionados e os charlatões. O caso de Simão, o Mago, e dos Filhos de Ceva ilustram um tipo de comportamento antiético de **pessoas que aderem à pregação religiosa não pela fé, e sim pelas vantagens e pela proeminência que tal pregação pode trazer.** Comportamento semelhante teve a mãe dos filhos de Zebedeu, que Jesus corrigiu com benevolência, mas não deixou passar. A mãe e os filhos **queriam os primeiros lugares no Novo Reino**. Ainda não haviam entendido o que seria pregar a Palavra de Deus (Mt 20,20-24). Nem os outros discípulos entenderam porque entraram na disputa e sentiram-se lesados.

O charlatanismo é um dos piores inimigos da fé e uma das tentações mais perigosas na vida daquele que deseja evangelizar. É o caminho mais fácil para a fama, porque sempre haverá milhares de pessoas sem critério e sem questionamento a aceitar falsas promessas, falsos milagres e falsas visões e revelações. O simpático pregador ou a querida pregadora dizem que *Deus lhes disse algo; que Maria lhes mandou dizer* e ninguém contesta porque compraram maçãs duvidosas de alguém com jeito de santo e sorriso bonito.

Confundem simpatia com verdade. A serpente da história de Adão e Eva também foi simpática, mas levou-os à mentira e convenceu-os a quererem ser como Deus. Era a mais esperta de todos os animais, dizia o Gênesis. Tinha uma comunicação supersimpática e supermentirosa (Gn 3,1-8). **Levou-os na conversa e, quando descobriram que tinham sido enganados pelo marketing maldoso, mas simpático da serpente, já estavam vazios e despidos da sua dignidade**.

ENCANTADOS COM OS HOLOFOTES

Há uma crítica severa em curso contra alguns apresentadores de televisão que, em vez de apresentar o entrevistado, usam o entrevistado para ocuparem, o tempo todo, o espaço do programa. Para cada segundo que o microfone e as câmeras ficam no outro, fica oito a dez segundos no apresentador.

Missas, palestras ou shows de apresentadores religiosos podem seguir na mesma esteira. Se o que deve mostrar o outro não se dá conta disso, deve ser lembrado que, **entre nós, a mística de promover o outro é fundamental**. O cristianismo tem tudo a ver com isso. Sacerdotes e leigos protagonistas de pregação, de palco, de rádio e de canção precisam estar atentos para que seu encanto com a mídia não os leve a ocupar um espaço que é do outro. A maioria dos que o ocupam não admite que o faz.

Apresentadores do Outro

Se nos canais não religiosos, por exigências do marketing de algum produto, o marketing promove o apresentador, a ética cristã não permite o mesmo para quem tem câmera ou microfone à sua disposição e supostamente fala em nome de Jesus e da Igreja. Somos apresentadores do Cristo e apresentadores do outro. Não somos nem podemos ser autoapresentadores. É a primeira exigência da mídia cristã. Estamos lá para apresentar o Cristo, o outro, as ideias da Igreja e, por último, com o menor destaque, as nossas opiniões.

Servidores, aproximadores e formadores

De nós, a Igreja espera que usemos a mídia para servir e não para fazer dinheiro em benefício próprio, nem criar fama, nem canonizar nosso grupo. Somos chamados a ser criadores de diálogo, aproximadores, formadores de opinião a partir da opinião oficial da Igreja. Negar-se a transmitir um documento oficial é trair a missão de católico na mídia. O locutor pode ser contra, mas tem de apresentar tal documento, se veio de Roma e se é do papa ou dos bispos.

O ESSENCIAL E O ACIDENTAL NA COMUNICAÇÃO

Que seu grupo de estudo aprofunde os termos: **essencial, acidental, superficial**. Seus membros captam a diferença?

– É possível *ser popular sem ser vulgar*?
– É possível *ser popular e ser profundo*?
– PARA *ser popular é preciso ser leve*?
– Que vocábulos seriam vulgares?
– Que expressões seriam chulas?
– Que comparações são inadmissíveis na sua emissora?

1. Essencial e acidental

– O que é conteúdo *essencial*?

– O que é conteúdo *acidental*?
– A devoção à *mãe do Senhor é essencial ou acidental*?
– A oração do *terço é essencial ou acidental*?
– Não sabe a resposta? Pergunte a um teólogo.

2. Profunda ou superficial

– O que seria uma *pregação superficial*?
– O que é um *conteúdo sólido e profundo*?
– O que seria uma *comunicação transversal, viga mestra*?
– O que seria *uma comunicação de viés ou tangencial*?
– A devoção das três Ave-Marias, seguidas de uma frase bíblica, é catequese transversal ou tangencial?
– A transversalidade da pregação na mídia católica de hoje vai ao cerne? Por que não vai?
– Que programas ou pregadores você conhece que vão ao cerne e aprofundam tudo o que dizem indicando documentos?

3. Testemunhos e doutrina

– Que tipo de pregação abusa do testemunho e fala mais de si e do que está sentindo naquele momento do que da doutrina oficial da Igreja?
– Quem assim age, assim o faz por falta de conteúdo ou por convicção de que sua experiência de fé é mais importante que o ensino oficial da Igreja?
– A seu ver, por que alguns apresentadores ignoram as palavras do bispo, do papa e os documentos oficiais da Igreja, e focam apenas na leitura bíblica?

– Já ouviu falar do monge Richard Rolle e de sua controvérsia com o dominicano Meister Eckhart? De Bernardo Claraval com Abelardo de Paris? Fé que acentua o sentir ou o compreender?

4. Catequese de TV

– Estão servindo sopa substanciosa ou caldo de sopa light na mídia religiosa hoje?

– É para o futuro ou é imediatista?

– Avança-se para as águas profundas?

– A catequese renovada permeia a TV católica ou é ocasional?

5. Qual o conteúdo das canções católicas?

– Poderiam ser mais profundas e abranger mais temas?

– Os autores aceitam ser corrigidos por algum teólogo?

– Os autores de letras estudaram o suficiente para publicar suas canções sem a revisão de algum teólogo ou catequista?

– Quem corrige a letra das canções dos compositores católicos?

– Quem as canta sabe a diferença entre música religiosa litúrgica e música religiosa não litúrgica?

– É possível uma canção religiosa de mensagem não ser litúrgica?

– O que torna uma canção cantável na missa?

– As canções que você conhece são bem utilizadas ou cantadas fora de tema, de hora e de lugar?

– Compositores e cantores mostram-se conscientes e preparados?

– Além de música, estudaram os princípios básicos da sociologia, da pedagogia, da sociologia e da teologia?

– O ministério da música tem sido levado a sério ou é só título bonito?

– O que se poderia fazer para que os autores e cantores católicos escrevessem canções para todos os temas da fé?

– A seu ver, qual a porcentagem das músicas de louvor e qual a das músicas de compaixão e de solidariedade na mídia católica? Por quê?

– O mundo católico precisa de canções inspiradas em temas além do louvor? Por que tão poucos escrevem sobre temas sociais e familiares?

O COMUNICADOR COMPASSIVO

Não é proposta de agora. Num mundo sem solidariedade a religião supostamente deve suscitá-la. Daí porque toda a pregação supõe a compaixão. Fé e compaixão precisam andar juntas. Canção, louvor e compaixão precisam soar em harmonia. Quem sobe naquele púlpito ou naquele palco e canta por duas ou três horas precisa ter conhecimento de:

1. **Psicologia das massas**: para não inventar anjos ou demônios quando não encontra explicações; também porque precisará lidar com a multidão humilde e sequiosa.

– Ler Mateus 9,36; 14,14; 15,32-37; 20,34; e Mc 6,34; 9,22; Lc 10,33; 15,20; 17,13; 1Jo 3,17; Rm 9,15.

– Ler encíclicas *Redemptor Hominis, Solicitudo Rei Socialis, Dives in Misericórdia de João Paulo II.*

– Sugestão: Um grupo apresente esses versículos sobre o tema: *Jesus Cristo, o comunicador compassivo!*

2. **Sociologia e Doutrina Social Católica:** para saber o que e para quem canta.

3. **História da Igreja:** para não deturpar os fatos e não parcializar o anúncio da fé.

4. **História do Brasil:** para saber qual a nossa realidade.

5. **Curso básico de teologia:** para não ensinar erros graves.

6. **Conhecimento de liturgia:** para não inventar missas particulares e não destacar demais o celebrante e os músicos, e também para não cantar a canção errada na hora certa ou a canção certa na hora errada.

7. **Mostrar se está por dentro dos fatos da semana e dos documentos oficiais da Igreja:** para, além de cantar, evangelizar como quem leu e sabe das coisas...

DIÁLOGO, DEVOÇÃO E COMPAIXÃO

Gálatas 2

[3]Mas *nem ainda Tito*, que estava comigo, *sendo grego, foi constrangido a se circuncidar.*

[4]E isto por causa dos *falsos irmãos que se intrometeram e secretamente entraram a espiar a nossa liberdade,* que temos em Cristo Jesus, para nos porem em servidão; [5]irmãos aos quais nem ainda por uma hora cedemos com sujeição, para que a verdade do evangelho permanecesse entre vós.

[6]E quanto àqueles que pareciam ser alguma coisa (quais tenham sido noutro tempo, não se me dá; Deus não aceita a aparência do homem), esses, digo, que pareciam ser alguma coisa, nada me comunicaram; [7]*antes, pelo contrário, quando viram que o evangelho da incircuncisão me estava confiado, como a Pedro o da circuncisão* [8](porque aquele que operou eficazmente em Pedro para o apostolado da circuncisão, esse operou também em mim com eficácia para com os gentios), [9]*e conhecendo Tiago, Cefas e João, que eram considerados como as colunas, a graça que me havia sido dada, deram-nos as destras, em comunhão*

comigo e com Barnabé, para que nós fôssemos aos gentios, e eles à circuncisão; [10]**Recomendando-nos somente que nos lembrássemos dos pobres, o que também procurei fazer com diligência**.

Mateus 9

[36]*Vendo as multidões, teve grande compaixão delas, porque andavam cansadas e desgarradas, como ovelhas que não têm pastor.*

[37]Então, disse aos seus discípulos: A seara é realmente grande, mas poucos os ceifeiros. [38]Rogai, pois, ao Senhor da seara, que mande ceifeiros para a sua seara.

Mateus 10

[1]Chamando os seus doze discípulos, deu-lhes poder sobre os espíritos imundos, para os expulsarem e para curarem toda a enfermidade e todo o mal.

Mateus 14

[14]*E, Jesus, saindo, viu uma grande multidão e, possuído de íntima compaixão para com ela, curou os seus enfermos.* [15]E, sendo chegada a tarde, os seus discípulos aproximaram-se dele dizendo: O lugar é deserto, e a hora é já avançada; despede a multidão, para que vá pelas aldeias e compre comida para si.

[16]Jesus, porém, lhes disse: Não é mister que vão; dai-lhes vós de comer. [17]Então eles lhe disseram: Não temos aqui senão cinco pães e dois peixes. [18]E Ele disse: Trazei-mos aqui. [19]E, tendo mandado que a multidão se assentasse sobre a erva, tomou os cinco pães e os dois peixes, e, erguendo os olhos ao céu, abençoou-os, e, partindo os pães, deu-os aos discípulos, e os discípulos à multidão. [20]E comeram todos, e saciaram-se; e levantaram dos pedaços, que sobejaram, doze alcofas cheias.

Mateus 20

[29]E, saindo eles de Jericó, seguiu-o grande multidão. [30]E eis que dois cegos, assentados junto do caminho, ouvindo que Jesus passava, clamaram, dizendo: Senhor, Filho de Davi, tem misericórdia de nós! [31]E a multidão os repreendia, para que se calassem; eles, porém, cada vez clamavam mais, dizendo: Senhor, Filho de Davi, tem misericórdia de nós! [32]E Jesus, parando, chamou-os e disse: Que quereis que vos faça? [33]Disseram-lhe eles: Senhor, que os nossos olhos sejam abertos. [34]*Então Jesus, movido de íntima compaixão, tocou-lhes nos olhos, e logo viram; e eles o seguiram.*

Marcos 6

[33]E a multidão viu-os partir, e muitos o conheceram; e correram para lá, a pé, de todas as cidades, e ali chegaram primeiro do que eles, e aproximavam-se dele. [34]*E Jesus, saindo, viu uma grande multidão e teve compaixão deles, porque eram como ovelhas que não têm pastor; e começou a lhes ensinar muitas coisas.* [35]E, como o dia fosse já muito adiantado, os seus discípulos se aproximaram dele e lhe disseram: O lugar é deserto, e o dia está já muito adiantado. [36]Despede-os, para que vão aos lugares e aldeias circunvizinhas, e comprem pão para si; porque não têm que comer. [37]Ele, porém, respondendo, disse-lhes: Dai-lhes vós de comer.

Marcos 9

[33]E chegou a Cafarnaum e, entrando em casa, perguntou-lhes: Que estáveis vós discutindo pelo caminho? [34]*Mas eles calaram-se; porque pelo caminho tinham disputado entre si qual era o maior.* [35]E Ele, assentando-se, chamou os doze, e disse-lhes: Se alguém quiser

ser o primeiro, será o derradeiro de todos e o servo de todos. [36]E, lançando mão de um menino, pô-lo no meio deles e, tomando-o nos seus braços, disse-lhes: [37]Qualquer que receber um destes meninos em meu nome, a mim me recebe; e qualquer que a mim me receber, recebe, não a mim, mas ao que me enviou. [38]E João lhe respondeu, dizendo: Mestre, vimos um que em teu nome expulsava demônios, o qual não nos segue; e nós lho proibimos, porque não nos segue. [39]Jesus, porém, disse: Não lho proibais; porque ninguém há que faça milagre em meu nome e possa logo falar mal de mim. [40]Porque quem não é contra nós, é por nós.

Lucas 15

[14]E, havendo ele gastado tudo, houve naquela terra uma grande fome, e começou a padecer necessidades.

[15]E foi, e chegou-se a um dos cidadãos daquela terra, o qual o mandou para os seus campos, a apascentar porcos. [16]E desejava encher o seu estômago com as bolotas que os porcos comiam, e ninguém lhe dava nada.

[17]E, tornando em si, disse: Quantos jornaleiros de meu pai têm abundância de pão, e eu aqui pereço de fome!

[18]Levantar-me-ei e irei ter com meu pai, e dir-lhe-ei: Pai, pequei contra o céu e contra ti; [19]já não sou digno de ser chamado teu filho; faze-me como um dos teus jornaleiros. [20]*E, levantando-se, foi para seu pai; e, quando ainda estava longe, viu-o seu pai, e se moveu de íntima compaixão e, correndo, lançou-se-lhe ao pescoço e o beijou.*

1 João 3

[17]*Quem, pois, tiver bens do mundo, e, vendo o seu irmão necessitado, lhe cerrar as suas entranhas, como estará nele o amor de*

Deus? [18]Meus filhinhos, não amemos de palavra, nem de língua, mas por obra e em verdade. [19]E nisto conhecemos que somos da verdade, e diante dele asseguraremos nossos corações.

Romanos 9

[12]Foi-lhe dito a ela: O maior servirá o menor. [13]Como está escrito: Amei a Jacó, e odiei a Esaú. [14]Que diremos, pois? Que há injustiça da parte de Deus? De maneira nenhuma. [15]*Pois diz a Moisés: Compadecer-me-ei de quem me compadecer, e terei misericórdia de quem eu tiver misericórdia.* [16]Assim, pois, isto não depende do que quer, nem do que corre, mas de Deus, que se compadece.

A IGREJA DESAFIADA

A Igreja sofreu, sofre e sofrerá o desafio da comunicação. É inerente à pregação. Jesus manda tomar cuidado ante lobos em pele de ovelhas e falsos profetas (Mt 7,15) e afirma que envia seus discípulos como ovelhas em meio a lobos (Mt 10,16). Deveriam ser *espertos como serpentes e inocentes como pombas*. Pagariam *alto preço por sua pregação* e seriam mortos ou humilhados por causa da Palavra (Mt 10,18-21). Seriam odiados e perseguidos e até amigos e familiares os magoariam. O discípulo não é maior que o mestre. Pagará preço igual. *Haveria martírio*, mas Deus estaria com eles e sustentaria a sua pregação. Até os fios de seus cabelos estavam enumerados. Deus veria! Não tivessem medo! Que escolhessem a quem servir, porque nem mesmo um copo de água dado por causa dele ficaria sem recompensa (Mt 10,22-42).

A CRUZ DA DISSIDÊNCIA

A Igreja com seus santos pagou altíssimo preço pelo anúncio de Jesus. Junto ao martírio, **um dos maiores preços foi a dissidência interna**. Chegou ao ponto de, enquanto uns como Estevão e, mais tarde, onze dos apóstolos morreram por anunciar Jesus e um novo reino, uns poucos, séculos depois, cristãos dissidentes formaram grupos violentos como os chamados *circumcellions, cátaros, donatistas, montanistas* a perturbarem a ordem pública. Chegavam a jogar cal nos olhos dos outros, matando quem não via o Cristo como eles, quebravam imagens e suicidavam em nome de Jesus.

O sofrimento infligido pelos fanáticos e donos absolutos da verdade católica, excessivamente amigos do Cristo era semelhante aos causados pelos inimigos da fé. **Os senhores da verdade católica rasgaram o manto de Cristo muito mais do que os inimigos.**

(Leia o livro *Luz do Mundo*, Bento XVI.)

ACHAVAM QUE JESUS FALAVA MAIS A ELES...

Muito cedo a Igreja percebeu que anunciar Jesus em tempos de crise era uma espada de dois gumes. Na ânsia de anunciar, recrutavam-se **pessoas desequilibradas** e **despreparadas** que iam sempre mais longe que os seus recrutadores. A *História das*

Heresias revela essa faceta. Tem sido até hoje um dos maiores desafios de todas as igrejas. Quem pregará para os pregadores que não ouvem o papa e os bispos e que insistem que sua missão profética não pode ser silenciada? Foi essa a origem de todas as heresias. Nasceram de comunicação conflitante e de falta de diálogo de um lado e de outro. Cooptaram alguns sacerdotes e bispos, legitimando-se como a mais nova maneira de se ser católico. Significativamente a palavra **heresia** quer dizer **caminho próprio**. Serve a verdade do herege, não serve a da maioria à qual ele pertencia. Age como se a ele, contra a maioria, fosse ensinada a verdade mais verdadeira.

A COMUNICAÇÃO DA CRUZ

Uma das maiores cruzes da fé em Cristo por mais paradoxal que pareça é a comunicação da cruz. Há os que não aceitam e os que a acentuam em demasia, esquecidos do crucificado que ressuscitou. **Derrotismo e triunfalismo** têm sido os maiores problemas dos cristãos. O nome de Jesus serve de suporte para pregações que têm muito pouco do Novo Testamento! Até onde podem proclamar-se grupos evangélicos? Até onde podemos proclamar-nos católicos, se fechamos as portas a outros rostos da Igreja, a depender da linha da nossa emissora?

ESTAMOS PERDENDO?

Reflita e debata:

– Competência deles ou incompetência nossa?
– Que tipo de perda é a nossa?
– Que tipo de vitória é a deles?
– Vitória nossa ou deles é vitória do Cristo?
– Há diferença entre vitória do Cristo e vitória do marketing?
– É possível alguém ser esperto como serpente e sem a humildade das pombas?
– Como vocês caracterizariam um pregador esperto demais?
– Para você que tipo de pregador é verdadeiro e simples como pomba?
– Proponha-se a gravar e ouvir algumas pregações dos pregadores mais famosos no seu tempo, no seu rádio ou na sua televisão.
– Analise então a linha de pensamento deles.
– Distinga entre os convictos e os convincentes.
– Pregam fé ou certeza? Que tipo de certeza?

ESTAMOS RECUPERANDO TERRENO?

Medite e debata:

– De maneira: competente ou açodada?
– Que tipo de recuperação queremos?
– Que tipo de recuperação temos visto?
– Qual o grau de catequese dos nossos novos convertidos?

– Demonstram conhecer Bíblia e catecismo e doutrina social?

– São bem-convertidos e bem-instruídos na fé?

– Converteram-se há dez ou três anos. Passariam num teste de conhecimento de doutrina católica?

– Alguém motivou sua conversão. Alguém os teve em suas reuniões e encontros. Por que continuam sem conhecer a Bíblia e as doutrinas da Igreja?

– Quem errou ao dar-lhes apenas um aspecto da fé?

É PERCEPTÍVEL A CATEQUESE RENOVADA NA MÍDIA CATÓLICA?

Medite e debata:

– Mídia religiosa sem cultura da fé?

– Todos os padres e leigos que falam na TV católica estão preparados para falar a milhões de fiéis?

– Quem fala todos os dias na televisão passaria num exame de catequese e numa prova sobre os vinte principais documentos da Igreja desde João XXIII?

PERCEBE-SE PREPARAÇÃO DOS TEMAS E DOS TEXTOS?

– Notam-se cultura e desejo de transmitir os documentos da Igreja?

– Percebe-se a presença de teólogos e pastoralistas?

– Quem está mais tempo na mídia:

– **divulgadores de devoções?**

Ou

– **explicitadores da fé?**

NOSSOS PREGADORES SÃO ESTUDIOSOS OU IMPROVISADORES?

– Qual o grau de presença do místicos e videntes na nossa mídia?

– Há pedagogia e psicologia nos conselhos dados por esses pregadores?

– Conhece os bem-preparados? São em maior ou em menor número? Por quê?

NÓS E A MÍDIA DOS OUTROS

– Aceitamos a função dos jornalistas?

– Distinguimos entre os tendenciosos e os verdadeiros?

– Como lidar com jornalistas amigos?
– Como lidar com jornalistas e adversários?
– É melhor tê-los que não tê-los?
– O que falam a nosso favor?
– O que falam contra nós?
– O que pensar de entrevistas de sacerdotes que desmerecem colegas diante da mídia que vai contra a Igreja?
– Andam nos caluniando?

Detecte a tendência de Veja, Istoé, Época, Carta Capital.
Detecte a tendência dos jornais que você costuma ler.

(*Opine.*)

ESTATÍSTICAS TENDENCIOSAS

De Peter Seewald, jornalista que entrevistou o papa em três livros, no livro *Luz do Mundo,* disse (Paulinas, p. 49):

O criminologista Christian Pfeiffer ressaltava que 0,1% dos culpados é atribuível à categoria de colaboradores da Igreja Católica, ao passo que 99,9% restantes provêm de outros âmbitos (...).

Nos EUA, de acordo com um relatório do governo, o percentual de sacerdotes que em 2008 aparecem implicados em casos de pedofilia é igual a 0,03% (...).

A revista protestante Christian Science Monitor publicou um estudo segundo o qual as igrejas protestantes na América são atingidas pelo fenômeno da pedofilia em escala bem mais ampla...

A resposta do papa como sempre foi madura e humilde. Não comentou os números. Apenas disse que mesmo assim os católicos não devem minimizar os fatos. No mesmo livro, o papa fala do mistério da iniquidade que assola todas as igrejas e do qual a Igreja Católica não está imune. Ele não esconde os pecados na Igreja e não se esconde acusando os outros.

Mas convém refletir sobre o fato de que, havendo outros grupos com muito maior culpa do que a Igreja Católica, as acusações e as reportagens miram quase que exclusivamente os católicos. O leitor percorra as manchetes e as notícias sobre a Igreja nos últimos anos e verá o magno conflito *Libertários x Igreja.* Esta se opõe a interesses poderosos e poderosos lobbies. Buscam desacreditá-la, mesmo que as estatísticas mostrem que há grupos que erram muito mais.

A resposta do papa foi honesta. Não escondemos nossos erros nem culpamos os outros. Cabe a cada grupo enfrentar esses pecados.

COMUNICADORES LAICOS E LAICISTAS

– O que seria um comunicador laico?
– O que é um comunicador religioso leigo?
– O que caracteriza um comunicador religioso?
– Analise e explique o direito dos católicos às concessões de mídia.

O PÚLPITO, O ALTAR E AS ANTENAS

– A difícil transição do púlpito para a antena.
– Discuta este conflito de linguagens.
– Você saberia a diferença entre falar para mil e para milhões?
– A linguagem muda quando se fala para os de perto e para os de longe?
– Do ambom para as câmeras?

Escreva um texto de duas páginas sobre essa transição.

OS ÚLTIMOS DEZ ANOS DA COMUNICAÇÃO RELIGIOSA NO BRASIL

– A mídia virou púlpito ou fugiu do projeto?
– O púlpito católico ainda continua forte?
– O altar católico é mesmo o centro da nossa pregação?
– Que lugar ocupa a Bíblia na nossa pregação?
– A liturgia dos católicos comunica? Sabemos vivê-la?
– O padre omisso e o onipresente. Fale deles.
– As novas celebrações dos pentecostais. Fale da mídia deles.

A LENTIDÃO DOS CATÓLICOS

– O predomínio dos pentecostais na mídia veio por acaso?
– Comunicação na mídia e os custos. Isso influenciou?
– Por que católico não sabe arrecadar?

– De onde vem o dinheiro das outras igrejas?
– De onde vem o nosso?
– Por que o nosso não pode vir do dízimo?
– Dízimo para dentro e contribuição para fora...

Analise os temas:

– Novos púlpitos e novos pregadores: fale dos novos pregadores.
– Melhor tê-los que não tê-los? Por que sim?
– Heresias pela mídia católica. Cite algumas delas!
– Discuta o preço cobrado por alguns pregadores da fé por suas atuações.
– Onde eles aplicam o dinheiro arrecadado?
– Dão sinais de riqueza acima do comum?

OS CELEBRANTES

Discorra sobre os temas que seguem:

– Boas e más celebrações.
– Fidelidade ao conteúdo e às rubricas.
– Infantilização da pregação.
– Uso adequado do espaço de criação permitido na missa.
– O celebrante motivador.
– O celebrante açambarcador.
– O celebrante artista.
– A festa e a serenidade.

PREPARAR O FUTURO

Pregador Leigo

– Indique os pontos e o conteúdo fundamental deste preparo.

Pregador Sacerdote

– Espírito, conteúdo e matérias da formação de um pregador. Liste-os.
– O que não pode ser omitido?

Religiosas

– Irmãs pregadoras e catequistas.
– A presença da mulher na mídia.
– O equilíbrio entre a desinibição excessiva e a timidez que limita.

Novas Comunidades

– Os novos grupos e comunidades.
– Exigência de estudo da fé.
– Generosos, mas pouco estudiosos da doutrina.
– Falta conhecer os documentos da Igreja.

Comente o fato.

Acabar com o improviso

– Problema sério entre os mais jovens.
– Sério entre os idosos.
– Muitos vão despreparados diante das câmeras.

COMUNICAR PARA MILHÕES

Comunicar é para todos.
Mas comunicar na mídia
para milhões de pessoas
não é para qualquer leigo,
nem para qualquer padre.
Eles precisam passar por um teste
de Bíblia,
de catecismo,
de doutrina social,
de psicologia,
de sociologia,
de pedagogia,
e, além disso, de serem aprovados pelo bispo
e por um conselho diocesano
de leigos e padres,
para que se tenha certeza
de que estes porta-vozes não ensinarão
a sua visão pessoal e heresias,
heresis (caminho próprio),
nem divulgarão o que pensam ser

revelações pessoais
sem primeiro comunicar
às autoridades (1Cor 12,28).
Questione-se fortemente o pregador que se anuncia
vidente, profeta e capaz de prever o futuro!
Questione-se o marketing pessoal
destinado a pôr o pregador no nicho!

Os responsáveis pela mídia católica precisam tomar cuidado para não ter profetas, videntes e místicos **demais,** na grade de programação, e bispos, mestres, teólogos educadores e catequistas **de menos**.

AS CRÍTICAS DOS CATÓLICOS

É bom que haja críticas e protestos quanto à qualidade, aos pregadores e ao conteúdo da TV e da Rádio Católica e de outros veículos que chegam até o povo. Afinal, tais programas estão sendo produzidos:

a dois ou três mil quilômetros de distância, por gente que não conhece a realidade daquela Igreja, programas que estão invadindo os lares das nossas dioceses, ensinando a ser igreja do jeito deles nem sempre mostrando os outros jeitos de ser católico.

Estão arrecadando nas nossas dioceses, e com tal convencimento de que em algumas paróquias alguns fiéis já não mais contribuem para a igreja local, e exercendo uma autoridade que se sobrepõe até a do bispo diocesano.

Jovens ou leigos pregadores que o pároco e o bispo jamais permitiriam que pregassem em sua paróquia ou diocese estão lá, entrando nos lares e pregando doutrinas e ideias que a diocese não aprova.

A crítica é justa quando mostra graves lacunas nessas pregações. É injusta quando despreza todos os valores dessa mídia.

Eles chegam aonde a Igreja raramente chegaria.

É mais questão de corrigir o rumo, o conteúdo e a rota que desmerecer.

Se eles são profetas, nós também somos.

Se foram chamados, nós também fomos.

Se podem pregar de cima dos telhados, nós também podemos.

Se estão atingindo mais pessoas, então têm responsabilidade de serem mais cuidadosos que nós no que dizem e fazem.

Repercutem mais e falam para milhões.

É bom, mas pode e deve melhorar!

Que se debata sobre a qualidade e o conteúdo das emissoras e das televisões católicas nos encontros paroquiais e diocesanos e nas pastorais, de maneira exigente, mas sempre com o devido cuidado de não ferir, ofender ou diminuir tais irmãos.

Queremos que melhorem! Fazem o bem, mas há extrapolações, exorbitâncias e ousadias que devem ser corrigidas, pois acabam prejudicando o caminhar das dioceses.

Damos a eles o direito de entrar em nossa região, mas queremos o direito de corrigir seus eventuais desvios ou exageros.

Se não aceitarem diálogo, os organismos vivos da diocese questionem. Não é por estar na mídia que alguém é mais igreja do que os outros. Se a pregação de um grupo literalmente exclui dezenas de outros, o grupo deve ser chamado às falas.

SE NOS JOGAREM NA MÍDIA

– Aumentemos as nossas preces.
– Aumentemos a nossa biblioteca.
– Agucemos os olhos e os ouvidos.
– Aprendamos com quem tem conteúdo.
– Cerquemo-nos de gente preparada.
– Chamemo-los para trabalhar conosco.
– Procuremos gente equilibrada.
– Usemos dos documentos da Igreja.
– Evitemos o excesso de testemunho pessoal.
– Não sejamos porta-vozes de um movimento apenas, mas de toda a Igreja.
– Armazenemos informações qualificadas.
– Aprendamos a citar as fontes e os outros.
– Revelações particulares, só depois que o bispo autorizar.

Quem tem um microfone e uma câmera, ou um púlpito, é um porta-voz. Comunique, pois, o conteúdo da Igreja! Viva cercado dos principais livros da nossa fé!

Se lhe derem uma bicicleta ou uma bola de futebol, você tem o direito de brincar com elas. Se lhe derem um microfone, não brinque com ele!

Se lhe derem um instrumento que chega a milhares ou milhões, não brinque nem improvise. Leve junto os livros e as anotações. O povo não quer saber o que você viu, sentiu ou pensa, nem se você ouviu Jesus na quarta-feira...

E mesmo que ele queira, você tem o dever de dar ao povo a doutrina oficial da Igreja. Aquele microfone e aquela câmera não lhe pertencem. Não lhe foram dados para você falar de sua pessoa, e sim dos verdadeiros santos já canonizados ou dos que viveram a fé mais e melhor que você. Então, fale deles e do que os papas e bispos nos ensinam.

Se alguém vier a você em sua casa e lhe pedir que fale de suas visões e revelações pessoais, fale. Mas se você for à casa dos outros, não fale de si. Fale de Cristo, dos santos e do que a Igreja mandou falar. O porta-voz não fala de si mesmo!

REVENDO CONCEITOS

1. Há pessoas que sabem se comunicar com a multidão, mas não querem. Preferem outro ministério menos exigente.

2. Há pessoas que querem estar com a multidão, mas não sabem se comunicar com o grande público. As pessoas vão embora quando elas começam a falar.

3. Há cantores desafinados que não percebem que desafinam, e assim mesmo insistem em ficar lá no palco e cantar para a multidão. Alguns até animam (ou desanimam?) as celebrações. Vale o desejo deles e não o ouvido do povo. A liturgia com eles é um tormento.

4. Há cantores afinados que preferem não cantar para a multidão. Omitem-se ou não sentem vocação para isso. Seu coração não segue sua voz.

5. Há cantores e pregadores a quem ninguém convidaria, porque seu repertório, seu conteúdo, seu canto ou sua pregação são superficiais, repetitivos, cheios de mesmice, sem fundamentação, repletos de *Jesus me disse*. Agradam a um grupo, mas não à multidão. Então, eles organizam seu grupo, arrecadam fundos, compram espaços na rádio e na televisão e pregam, porque acreditam em seu conteúdo e em seu dom, no qual a Igreja não acredita.

6. Há indivíduos que se dizem artistas ou músicos, mas conhecem apenas meia dúzia de canções e, por dez ou vinte anos, só cantam

aquilo e sempre do mesmo jeito. Se mudar o arranjo, atropelam-se. Não se atualizam e não fazem questão de aprender nada mais. Tornaram-se escravos da linguagem hermética e da mesmice.

7. Há pregadores dizendo há dez anos a mesma coisa do mesmo jeito, dia após dia. Mesmo quando leem algum livro, não o assimilam. Continuam no mesmo discurso, mesmos gestos, mesmas palavras. Mas falam a milhões e invadem dioceses que jamais os contratariam.

8. Como possuem a rádio ou o programa, não acham que devem melhorar. A Igreja que os engula! E ainda dizem que estão ouvindo o Espírito Santo. Ninguém os convidaria para outra emissora ou programa. Mas não precisam. Já têm seu jeito de chegar lá. Mesmo que a Igreja não os queira lá!

9. Público, púlpito, microfone e câmeras garantidos geram o comunicador hermético incapaz de mudanças e de aprendizado.

10. Os que têm lastro cultural e se comunicam bem deveriam correr o risco e prestar mais esse serviço à Igreja, que precisa de pregadores preparados. Assumam aquele microfone e aquela câmera. Felizmente, quinze novos pregadores cultos, nos últimos seis meses, anunciaram programas na TV católica.

11. Os menos cultos, mas de fácil comunicação, e menos habituados à leitura deveriam superar-se e ler mais para estarem à altura de seu dom. Deveriam fazer cursos de sociologia, pedagogia, teologia, história da Igreja, eclesiologia e exegese para alimentar o público que os segue. Mudem o conteúdo da sopa que andam servindo...

12. Os que não levam jeito nem para pregar, nem para cantar para a multidão, aconselhem-se, achem outra atividade e nela glorifiquem a Deus. Não insistam em algo que não é seu dom nem poderá ser o seu ministério. Não insistam num ministério que não é o seu. Irmã Dulce, Teresa de Calcutá, Alfredinho e milhares de agentes pastorais acharam o seu. E marcaram a Igreja, mesmo não sabendo usar um microfone ou uma câmera.

13. Os que gostam demais de microfones e câmeras esperem ser convidados. Terão mais autoridade do que insistir em se autoconvidar; é pagar para suas pregações. Que seja um chamado e um serviço, e não um sonho imposto à Igreja.

Uma coisa é comunicar-nos com poucos, para uma assembleia que nos conhece e nos aceita por nossos outros valores, e outra é comunicar-nos com milhões de pessoas que só têm aquele nosso programa como referência.

Nem todos os sacerdotes, seminaristas ou leigos, que sabem falar para cem ou mil pessoas num templo, têm a mesma capacidade para se comunicar com 30 milhões de espectadores ou radiouvintes. É ministério mais amplo e mais exigente.

É completamente outra linguagem. Seria o mesmo que mandar um atleta saltar de paraquedas sem ter sido preparado para o novo desafio. Pode não ser sua especialidade.

O inverso também merece a mesma reflexão. Pegue uma Luciana Gimenez, um Gugu Liberato, um Sílvio Santos, que têm seu tipo de público, multidão de milhões, e mande-os falar sobre a "Imanência e Transcendência de Deus na História". Eles revelarão o seu limite. Não estão preparados para um discurso que poucos entendem.

Saber entreter a multidão não é o mesmo que dar a ela as informações das quais realmente necessita.

CRISE DE CRESCIMENTO?

A PASCOM na Igreja está numa crise:

1. De identidade:
– Quem está falando?
– Com quem?
– Para quem?
– Por quê?
2. De crescimento:
– Até que ponto?
– Em que meios?
– Quem está crescendo?
– Com que recursos?
– Com que ética?
3. De conteúdo:
– Com que mensagem?
– Que enfoques?
– Que unidade?
– Que ênfases?
4. Pessoal:
– É coletiva?
– É dialogante?
– Personalista?
5. De querigma:
– Com que porta-vozes?
– Com que projeto pastoral?
– Com que aberturas?

O COMUNICADOR NO DIVÃ

Que tipo de pessoa me tornei antes e depois de assumir a missa?
Que missão a Igreja me deu?

Por que assumi a Pastoral da Comunicação?
Por que continuo na Pastoral da Comunicação?
Apareço sem ser exibido?
Qual a dimensão do meu falar?
Qual a dimensão do meu ouvir?
Com que ênfases e enfoques?
Sei delegar ou sou só eu?
Sei lidar com os holofotes?
Sei lidar com a notoriedade?
Sei lidar com a vaidade?
Sei descer do palco?
Meu palco é meu nicho?
Tenho aura? Gosto?
Tenho claque? Gosto?
Tenho guarda-costas? Por quê?
Gosto de aplausos? Peço aplausos?
Cobro quanto?
Digo a verdade ou faço concessões para não perder o público?
Faço mídia sem fazer média?
Faço média para ter mídia?
Corro atrás da grande mídia?
Excluo ou incluo colegas?
Aceito críticas?
Sei criticar com amor?
Louvo e liberto ou sou monista?
Sei aplaudir e reconhecer a profecia dos outros?
Volto atrás em algumas posições?
Tenho aura de superastro?
Sofro de *holofotite* e *microfonite* aguda?
Sofro de mesmice verbal?
Não resisto à evidência?
Oro ou só confio no meu talento?
Entendo o que Deus quer de mim como seu porta-voz?

Adultos e jovens no púlpito, no altar, no palco, nos *outdoors*, nos jornais, nas revistas, na rádio, na TV, na faculdade, na rua.

POR QUE A PASCOM?

1. Porque cremos em Deus, que é Pai, Filho e Espírito Santo. Cremos que Deus se comunicou e se comunica, e pode e, às vezes, quer fazê-lo por meio de nós.

2. Porque cremos que a Igreja Católica é um excelente veículo e instrumento de anúncio de Jesus, com todos os limites que temos, porque somos santos e pecadores.

3. Porque temos algo a dizer ao mundo sobre Jesus Cristo, o Pai e o Espírito Santo.

4. Porque a Igreja é mãe e mestra, e o Redentor do homem é rico em misericórdia, e a Igreja se preocupa com a situação do mundo em que ela está. E nós somos os seus porta-vozes.

5. Porque muitos católicos estão deixando o catolicismo e indo ouvir a comunicação das outras Igrejas; há milhões de católicos preferindo a palavra dos pastores evangélicos e pentecostais e ignorando a do papa, dos bispos e dos padres.

6. Porque temos algo a dizer, mas parece que não estamos sabendo dizê-lo de um modo convincente, sem perder a ética e sem fazer concessões e média com a mídia.

7. Porque os papas relembram, o tempo todo, as palavras "ide" (Mt 28,19), "anunciai".

8. Porque somos a Igreja da Palavra que liberta e do pão repartido.

9. Porque não há comunicação sem solidariedade nem solidariedade sem comunicação.

10. Porque o mundo é extremamente injusto e dado ao *marketing*, ao lucro, à mentira e à violência; cabe a nós comunicar fraternidade, justiça e paz.

11. Porque há milhões de seres humanos jovens que não sabem quem é Jesus; não conhecem a nossa Igreja; não sabem lutar pela justiça e, em vinte anos, serão empresários, políticos, líderes e pais de família.

12. Porque Jesus disse "ide", a Igreja nos diz ide, e a PASCOM sugere como, onde, com que meios e com que preparo.

Não há comunicação religiosa sem riscos. Quem não corre nenhum risco ao comunicar, provavelmente não está comunicando a Palavra de Deus.

Ela é exigente e provocadora. Sempre foi!

Toda comunicação humana tenta ser reflexão, diretriz e proposta de caminho.

Por isso, toda comunicação religiosa passa pela crise. Ela acrisola! É libertadora e purificadora!

DESVIOS DE CONTEÚDO

Catequese da tiazinha que não lia

Conto um fato real para ilustrar uma realidade pastoral.

Era uma vez uma tiazinha popular que nunca deixava as crianças da escola sem respostas. As crianças a achavam o máximo, mas os outros professores riam-se dela ou horrorizavam-se com suas explicações infantis e sem fundamento.

Cheia de imaginação, ela oferecia como verdade o que era apenas fruto de suas elucubrações para as crianças, parecia legal. Não sendo a tiazinha dada a leituras, suas aulas eram fruto de sua fértil imaginação.

A mais conhecida das suas tiradas era sobre a origem da chuva. Segundo ela, duas nuvens que viajavam pelo céu, levadas por vento contrário, batiam uma na outra, e o choque doía tanto que fazia um barulhão chamado trovão. Então elas choravam de dor e de medo. O choro delas virava chuva.

Com a mudança de orientação da escola, a tia perdeu o emprego. Mais informadas do que ela, as novas crianças já tinham perdido o respeito pelas invenções da tia. Procuraram uma tia divertida e legal que estivesse mais informada.

Na catequese católica pode acontecer e tem acontecido o mesmo fenômeno. Pregadores jovens ou adultos mal-informados aventuram-se a explicar, do seu jeito, temas complexos da fé católica. E ensinam desvios. Cito aqui algumas frases de canções, de programas de rádio, televisão e de palestras que ouvi:

– *O Deus deu o terceiro milênio para Maria* (rádio).

– *Maria, deusa das flores* (canção).

– *Mãe do Cristo idolatrada* (poema).

– *Jesus é o nosso intercessor junto ao Cristo e ao Espírito Santo* (rádio).

– *O Espírito Santo é o* instrumento *do Pai, do Filho, para continuar a nossa evangelização* (televisão).

– *Deus não nega nada a Maria. Peça primeiro a ela e conseguirá* (rádio).

– *Maria, teu nascimento nos trouxe a salvação* (canção).

– *Eu* nada *sou* (canção).

– *Depois da era do Espírito Santo virá a era de Maria* (rádio).

– *Deus permite o sexo ao casal, mas apenas para ter filhos* (rádio).

– Mesmo que seu marido seja bruto e a estupre, aceite isso porque faz parte do seu juramento. Ofereça isso pela conversão dele (televisão).

– Se o padre estiver em pecado, aquela comunhão das mãos dele não vale. Procure outra missa (rádio).

– A teologia da libertação trouxe a rebeldia e o ódio para o púlpito (rádio).

– O rock religioso é um jeito de o diabo entrar na igreja (rádio).

– Aqui não se toca nenhuma canção do mundo. Deus só quer ser louvado com cantos religiosos (rádio).

– Com o mundo não tem diálogo. Não quero mais nada com ele. Ao demônio eu digo: Vai-te, Satanás... (rádio).

– Essa oração é tiro e queda. É infalível e eficaz. Deus não resiste a ela (TV).

– Se você tem dificuldade de falar com Deus, é porque o demônio que entrou em você está cortando a sua ligação com Jesus... (TV).

– Depois da consagração na missa, nós rezamos uma Ave-Maria, porque sabemos que Maria está lá com o Cristo, já que ela é Maria da Eucaristia... A Igreja nunca proibiria isso! (rádio)

– Quem comunga Jesus, comunga Maria, porque ambos têm o mesmo DNA (TV).

– Se ele não ora em línguas, não tem o Espírito Santo. Não tem o direito de pregar para nós (revista).

– Quem nos critica, é porque não tem Jesus no coração. Ir contra nós é o mesmo que dizer que Jesus não está agindo no mundo.Aceitem ou não, hoje nós somos os verdadeiros porta-vozes do Cristo (rádio).

– Um dia toda a Igreja será como a RCC. Quem ainda não entendeu, vai entender. A Igreja não tem outra escolha! Somos o novo jeito de ver Jesus (estádio).

– Os movimentos de casais e o cursilho enfraqueceram e passaram, porque seus membros não deram o passo à frente e não receberam o batismo no Espírito Santo (estádio).

Há erro em todas essas afirmações. Quem estudou catequese, moral e liturgia, já sabe onde estão os erros e as hipérboles. Quem não viu e não vê erro algum, mostra que não leu direito o seu catecismo nem a sua bíblia.

JESUS NÃO ESCREVEU APOSTILAS

Jesus não deu apostilas aos apóstolos, nem as escreveu, nem publicou livros. Mas deu catequese, confiou tarefas e os enviou dois a dois, e, mais tarde, em grupo maior, analisando depois os fatos acontecidos e cobrando o seu desempenho. Ver Mc 14,13; Mc 16,15; Mt 10,11; Mt 17,21.

Aquele mestre mandava pensar e aqueles catequistas estudavam o que praticavam. Por isso é que se lê nos Atos sobre suas assembleias para oração e reflexão. Jesus não lhes dava respostas imediatistas e mágicas na hora em que precisavam. Ensinava e esperava que eles concluíssem. Afinal tinham cabeça para quê?

E disse-lhes: Não captais o sentido desta parábola? Então, como entendereis todas as outras? (Mc 4,13)

Mas eles nada entendiam. O ensinamento continuava confuso. Não captavam o sentido do que se lhes dizia. (Lc 18,34)

E Ele lhes disse: Vocês são uns desinformados e de coração lento para crer tudo o que os profetas disseram! (Lc 24,25)

Jesus queria seus discípulos pensando. Não lhes pediu apenas o coração. Pediu também o cérebro. Se naquele tempo houvessem editoras, Ele quereria seus ouvintes de livros na mão e refletindo.

Ouvi e entendei. (Mt 15,10)

Ainda não compreendeis *que tudo o que entra pela boca é processado no estômago e depois se torna excremento?* (Mt 15,17)

Não compreendeis *ainda, nem vos lembrais dos cinco pães para cinco mil homens, e de quanto cestos recolhestes?* (Mt 16,9)

Ideal, maravilhoso e perfeito seria se nós, que anunciamos que Jesus é Deus de Deus e Luz da Luz, fôssemos tão inteligentes, estudiosos, serenos, corajosos, solidários, ecumênicos, puros de intenção, humildes, cultos, despojados e bem preparados que nenhum dos que usam uma câmera ou um microfone precisasse repensar e reaprender o seu discurso.

Os fatos infelizmente são outros, para mim que escrevi este livro e para os que porventura lerem meus escritos. Nem sempre comunicamos bem, e alguns de nós nem sequer admitem que precisam aprender o ofício de comunicar, dançar, cantar ou pregar nossa fé. Há uma terrível vaidade em alguns "famosos" em Cristo. Não aceitam aprender.

Alguns apostam nas luzes daquela hora, na ajuda extra do Espírito Santo que há de *jogar palavras certas na sua boca* (Lc 12,11-12). Agem como o rapaz que não estudou, não armazenou, não quis aprender e não pôs as devidas informações nas pastas do computador, mas espera que o computador, por um passe de magia, forneça-lhe o texto do qual precisa naquela hora. Acha que basta apertar um botão. Confia demais no seu clic...

Quando a Igreja fala em "depósito da fé", está falando do que ela já recebeu e do que os fiéis têm como um tesouro ao qual se recorre. Quem não lê nem estuda a Bíblia e o Catecismo Católico, não espere que, por um passe de magia, o Espírito Santo lhe ponha palavras na boca num show improvisado, só porque orou por luzes. Não é assim que funciona a inspiração do céu. Se assim fosse, Jesus não teria passado três anos dando aulas de catequese aos discípulos. O Espírito Santo veio depois e não antes daquelas aulas!

Outros apostam nos recursos da cultura que já adquiriram ou em seu irresistível charme sem cultura.

O fato é que, há décadas, há uma *nova linguagem nas cidades e aldeias, nos visores e nos telões, nas praças e nas ruas do mundo.*

Chamou-se de cibernética, informática, web, internet, teatro novo, cinema novo, audiovisual e até agora deve ter recebido pelo menos 100 nomes, tudo para designar uma só realidade: *o mundo mudou drasticamente o seu discurso e o seu modo de ouvir discursos.*

De certa forma assistimos, outra vez, ao fenômeno da Reforma, da Contrarreforma, da Renascença e das Descobertas. Hoje o fenômeno, que tem diversas facetas e tentáculos, pode ser chamado de *mundialização, globalização, imperialismo, hipermídia, Internet, era fractal, era digital, terrorismo...*

Se o que chamavam de *"descobertas"* eram invasões, a *mídia moderna* também é. Nem sempre um país ou um lar consegue mantê-la a distância. Há uma corrente invasora no mundo de hoje à qual, como a tsunami, ninguém resiste.

ÁVIDOS LEITORES

Quem não souber ler as entrelinhas do discurso do mundo da política, da tecnologia, das artes, da mídia e da fé, certamente ficará defasado e em poucos meses ou por anos. Se ontem o pregador precisava ser um *ávido leitor, hoje precisa ler ainda mais,* ver mais e ouvir mais, porque o mundo se transformou numa algaravia de vozes e gritos ousados e lancinantes. Todos dizem possuir as melhores perguntas e as melhores respostas.

E não é por que alguém está nas redes sociais e tem twitter ou facebook que esse alguém se torna evangelizador. A evangelização depende mais do conteúdo oferecido que do alcance dos meios utilizados. Ter mídia não é o mesmo que evangelizar.

Não é por que alguém chama o que ele faz de libertação ou renovação que sua mensagem é libertadora ou renovada. Um grupo de cantores jovens, que por duas horas apresentou uma peça escrita por um deles, conseguiu tocar, dançar e cantar sem ter, em nenhum momento, feito referência a documentos da Igreja, às dores do mundo. O tempo todo falou de conversão, de santidade, de entregar-se a Jesus de corpo e alma, de fugir ao pecado. Chamou seu show de evangelização, mas o evangelho não estava lá. Ignorou a cruz e não trouxe uma linha sequer de solidariedade!

Nisso, os grupos de fé que apostam na contracultura de Pentecostes (porque existe a cultura correta) são os mais ousados. Afirmam que Deus os iluminou e falou com eles mais que aos outros. O discurso é o de quem *possui* a verdade ou *sente-se possuído* por alguma verdade que, para ele, se torna absoluta e acima das demais. Sua certeza é tanta que acha que não precisa aprender com nada, nem com as outras correntes de sua própria igreja, nem com ninguém, muito menos com o mundo.

Esses textos, um tanto quanto provocadores, são uma tentativa de lembrar, primeiro a mim, depois a todos os que assumiram a tarefa de anunciar Jesus num tempo de crise e de confusão de vozes cada dia mais altas, mais amplificadas e mais sofisticadas, que *dominar frases, vocábulos, microfones, blog, site, twitter, facebook, câmeras e esquemas, ainda não é a resposta.* Há que se fazer isso e algo mais. O número dos pregadores de mídia que notadamente não se atualizam e não leem é assustadoramente grande.

ALGO MAIS SOBRE ALGUÉM MAIOR

Falarei deste algo mais. Quem acha que pode perder um pouco do seu sobrecarregado tempo num mundo extremamente sem tempo, venha comigo! Vou falar da comunicação católica do jeito que sei.

Espero que quem sabe mais, também escreva. Ganhará o povo, ganhará a Igreja! Como está é que não pode continuar! Ou melhoramos nosso discurso e a maneira de fazê-lo ou pregaremos para bancos vazios de Igreja. É assim tão drástico!

Percorra seu controle remoto de canal em canal e procure programas de cultura. Achará. Mas achará muito mais programas de diversão e de alienação que de informação. No percurso, topará com centenas de programas religiosos. Os pregadores da fé e anunciadores do Cristo que salva estão por toda parte. No mesmo horário sai de um entra em vinte outros, via rádio ou televisão. Todos têm certeza, todos oferecem a resposta. Jesus está com eles e eles estão com Jesus!

Analise a linguagem e o profissionalismo dos que ali atuam. Se você estudou comunicação, verá que grande número deles está lá sem folheto, sem direção, sem começo, meio e fim, sem linguagem de mídia, apenas com seu improviso, a cara e a coragem, e o zelo. Fazem como o sujeito que não depositou dinheiro no banco e agora quer retirá-lo.

O resultado faz pensar: repetem, repetem, repetem... O conteúdo pode ser reduzido a não mais de 50 expressões aprendidas em congressos e encontros, mas as citações ricas de conteúdo não aparecem. Quase ninguém abre, quase ninguém lê trechos de documentos, de teologia, de livros em voga. Navegam no óbvio e, é claro, na maionese. No caso dos católicos há milhares de livros e pronunciamentos do papa, da CNBB, de grupos de estudo que poderiam enriquecer o programa... Mas eles que chegam a milhões de olhos e ouvidos apenas cantam e cantam, e repetem as mesmas palavras de comando: mão no peito, feche os olhos, fale com Jesus, deixe-se tocar por Jesus! Ele está aqui!

A quem mais se deu, deste alguém mais se espera! Já que chegam a milhões de fiéis, por que não lhes dão, além do fervor e do louvor, um pouco mais dos 20 séculos de sabedoria da Igreja?

O fato é que, como não leram e não conhecem, limitam-se a dar testemunho e palavras de comando mais na base do *sinta Jesus em você* do que *pense como Jesus pensaria hoje e fale como Ele falaria hoje*.

APOSTILAS DO CÉU...

Deus não costuma dar apostilas de comunicação. Ele dá humildade, inteligência e capacidade de aprender. Se achamos que já sabemos ou que não precisamos saber mais, o problema passa a ser da Igreja que será a primeira a sofrer com nosso discurso não reescrito nem repensado. Sem isso, não há comunicação que resista.

Deus é sempre o mesmo, mas o nosso discurso sobre Ele não é nem pode ser sempre o mesmo. A Teologia supostamente evolui da mesma forma que o conhecimento evolui. É que Deus é perfeito, mas a nossa comunicação precisa se atualizar. Às vezes, em questão de semanas!

EM BUSCA DE OUTRA COMUNICAÇÃO

Não é segredo para ninguém que nos últimos anos, no Brasil, milhões de católicos foram receber a comunicação de outros irmãos, outros pregadores e outras Igrejas, deixando de lado a comunicação católica.

Insatisfeitos com sua igreja e encantados com as novas propostas de vida e de milagres, vindas por meio de outros pregadores entusiasmados e absolutamente seguros de conhecerem a verdade e de possuírem soluções para seus problemas, aceitaram essa comunicação e abandonaram a comunicação que até então vinham recebendo.

Comunicar Jesus em tempos de crise é experiência que toda Igreja ou fez ou fará um dia, porque o mundo muda, provoca, desafia e, às vezes, joga o seu som mais alto que o nosso.

Agora mesmo, enquanto escrevo, numa casa de retiros, lugar que supostamente seria de silêncio, lá fora um pentecostal, candidato a vereador, ignorando os meus direitos e abusando dos seus, faz três horas que estacionou sua kombi diante de uma igreja católica e de outra evangélica e obriga toda a vizinhança a escutar suas mensagens, suas canções e sua voz.

É provável que alguém da prefeitura o tenha autorizado. Conseguiu exercer o seu direito às custas de impor sua mensagem a milhares de pessoas que, como eu, não precisam dela e não a querem neste momento.

Voltamos ao tempo dos cátaros. Descubra quem eram e como agiam.

O DIREITO DE NÃO TER QUE OUVIR

Este é o mundo em que vivemos. Todo mundo exerce seu direito de falar, pregar, anunciar e, às vezes, até impor nas ruas a sua verdade. Aquele que dispõe de meios de comunicação e dinheiro para gastar, às vezes, consegue falar mais alto, obtém mais licenças do poder público e acaba impondo em quem não pediu nem foi buscar sua mensagem um jeito de pensar, de crer e viver. É ditadura. É imposição da fé. Saíram do templo e, ao invés de falar a seus fiéis, gritam bem ao lado do templo dos outros a sua fé. Lembram o comerciante que grita diante da loja do vizinho que seu produto é melhor e mais barato! É aberta provocação.

Eu chamo isso de crise. E não é crise pequena. Milhares de pregadores de religião no meu país e milhões no mundo inteiro acham-se no direito de gritar bem alto em seus templos e fora dos seus templos a palavra do Senhor Jesus.

Não importa se o outro não quer ouvi-la ou se o outro é de outra religião, nem se já conhece e já segue Jesus Cristo. Se não liga o rádio nem vai àquele templo, ainda assim terá que ouvir sua pregação amplificada, num país com liberdade de culto.

Há lugares específicos para tais pregações, mas eles invadem tudo. Acham-se no direito de fazê-lo porque Jesus lhes deu essa missão. Deu? E será que a deu dessa forma e desse jeito?

Vale para eles, vale para nós! Até onde respeitamos, nos outros, o direito de não nos ouvirem?

O DESEJO DE COMUNICAR

Há pecado em nós, e quem disser que não o tem enganar-se-á. Há imperfeição no discípulo que anuncia o mestre, e quem disser que não precisa aprender a comunicar e corrigir seus eventuais exageros, estará no caminho errado. A comunicação cristã, para ser cristã, precisa evoluir! Por cristianismo entende-se uma projeção que visa ao céu e à parusia. Evoluiremos no conhecimento da vida, da História e das Teologias a cada nova reflexão sobre o Cristo histórico, o Cristo da fé e o Cristo cósmico. Cristo é muito mais do que o que até agora sabemos sobre Ele. João o diz no seu evangelho:

Há, porém, ainda muitas outras coisas que Jesus fez; e se cada uma delas fosse escrita, penso que nem mesmo o mundo por inteiro poderia conter os livros que sobre o tema se escrevessem. Amém. (Jo 21,25)

Acontece nas mais diversas igrejas que o desejo de comunicar, às vezes, torna-se maior que o dever de respeitar. Como no passado, grupos espalhafatosos, como os *donatistas* ou *cátaros* ou *circumcelliones*, os *montanistas*, os *arianos*, enfrentavam batalhas e escaramuças, até se matavam em nome da sua verdade.

Hoje, milhares estão comunicando Jesus Cristo e tentando empurrá-lo à força nos nossos ouvidos em nome da democracia que tem leis, mas não são obedecidas. É verdade que Jesus também gritou de uma barca, de uma colina, no templo. Mas também é verdade que não usou de meios amplificados e falava para os mais próximos. Chegou a propor que seus discípulos subissem aos telhados para serem mais ouvidos (Mt 10,27), mas não impôs sua doutrina a ninguém. Tinha e aceitava limites. Até sugeriu aos seus discípulos que fossem embora e voltassem para casa, se assim o quisessem (Jo 6,67). Deixou as pessoas escolherem.

Dialogava até com os inimigos. Fez uma predição sobre Jerusalém e chorou sobre a cidade, mas não a forçou a aceitar sua palavra. Se tivesse os instrumentos de hoje agiria como agem seus discípulos de agora?

JESUS FARIA DIFERENTE...

Faço parte dos que apostam que Jesus faria uso de meios poderosos de comunicação, mas não da maneira como fazem hoje muitos de seus discípulos, a ponto de imporem aos gritos, para toda a vizinhança, sua maneira de crer ou de criarem um clube seleto de gente que concorda com os donos daquela mídia, impedindo a outros irmãos de visão pastoral diferente o acesso ao que dizem que Deus lhes deu.

Deu a eles para uso exclusivo ou deu a toda a Igreja da qual fazem parte? Se até um copo de água precisa ser partilhado, por que não os meios de comunicação? Só porque o outro é perigoso e pode vir com acentos diferentes? E se eles podem ter acentos diferentes sobre a mesma fé, por que os outros não podem?

É disso que se trata. Uma crise se instalou no púlpito que agora segue dividido. Usa aquele púlpito quem orar, pregar e ensinar do jeito do grupo que o comprou e construiu. Criaram-no para servir à sua linha pastoral e catequética.

Em algumas igrejas, não cabem dois pregadores com enfoque ou ênfase diferente. Não estão oferecendo *uma das maneiras* cristãs nem *um dos jeitos* de anunciar Jesus. Como no tempo de Donato e Montano, com suas Priscas e Maximilas estão impondo a sua visão, a sua voz e a sua comunicação a respeito de Jesus. É crise de valores. É falta de ética. É imposição da fé.

IMPOSIÇÃO DA FÉ

Toda vez que vejo um desses alto-falantes passando pela cidade ou passo por igrejas com os alto-falantes voltados para todo o bairro, faço-me estas perguntas:

– Quantos anos passarão até que outros decidam fazer o mesmo?

– Que mundo será esse em que todos gritarão suas verdades e suas ideias e ninguém respeitará o direito do outro de não querer ouvi-las?

– Jesus Cristo apareceria imposto ou oferecido?

– A palavra de Deus é para ser gritada aos ouvidos de quem não quer ouvi-la ou para ser, suave e respeitosamente, colocada diante dos olhos e do coração de quem procura uma resposta?

OS RISCOS DO ANÚNCIO

Não é possível amar Jesus sem querer comunicá-lo, mas também não faz sentido forçar Jesus em quem não está pronto para ouvir sua comunicação.

Não há comunicação religiosa sem riscos. Quem não corre nenhum risco ao comunicar Jesus Cristo, provavelmente não o está comunicando.

A Palavra de Deus, o anúncio de Jesus são exigentes e provocadores, mas não podem ser antiéticos.

É claro que precisa provocar. Está mais que claro que toda comunicação humana deve ser reflexão, diretriz e proposta de caminhos e que *toda comunicação humana traz em si uma proposta de mudança. A comunicação religiosa mais ainda!*

Nesse sentido, toda comunicação religiosa vive em crise, busca a crise e oferece resposta para a crise, porque é e deveria ser uma comunicação que acrisola – por isso libertadora, purificadora.

Mas não temos o direito de impô-la fora dos princípios éticos de respeito aos ouvidos, à mente e ao coração de milhões de irmãos que não pensam como nós pensamos. Não temos o direito de exigir que conheçam Jesus do jeito que o conhecemos, na Igreja que o conhecemos. Não temos o direito de decidir por eles ou de tirar-lhes a liberdade de ir e vir, de ver e ouvir.

PROPOR SEM IMPOR

Farão bem os comunicadores religiosos, ao sentarem num banco de igreja ou numa almofada diante do sacrário, ou ao deitarem num divã e encherem-se de perguntas. Já as fizemos de outra forma neste volume. Mas reprisemos:

– Que tipo de pessoa me tornei depois de assumir a missão de anunciar Jesus?

– Que missão a Igreja me deu?

– Por que assumi o anúncio do Reino?

– Por que continuo anunciando Jesus?

– Estou lá por que apareço mais e com isso sou mais evidente e ganho mais aplausos? Estou lá por que realmente creio que Jesus é uma resposta e uma pergunta necessária nos tempos em que vivo?

– Qual a dimensão do meu falar?

– Qual a dimensão do meu ouvir?

– Com que ênfase e enfoques eu falo?

– Sei delegar ou só dá *eu* naquele veículo, no horário que aluguei?

– Sei lidar com os holofotes?

– Sei lidar com a notoriedade?

– Sei lidar com a vaidade?

– Sei descer do palco?

– Meu palco ou meu púlpito são também meus nichos?

– Tenho aura por que anuncio Jesus? Gosto dessa aura de santo?

– Tenho claque? Gosto do grupinho que me aplaude o tempo todo?

– Preciso de guarda-costas para anunciar Jesus?

– Espero ser aplaudido toda vez que falo de Jesus?

– Peço aplauso quando não me aplaudem e disfarço dizendo que é para Jesus?

– Cobro para anunciar Jesus? Quanto? E o dinheiro é realmente aplicado em favor dos pobres?

– Digo a verdade ou contemporizo para não perder o público?

– Faço *mídia sem fazer média*? Faço *média para ter mídia*? Corro atrás da grande mídia? Minha exposição vem respaldada de leituras e conteúdo suficientes para eu estar lá falando a milhões de pessoas? Quem me envia? Eu passaria num teste de conhecimento atualizado da fé católica?

– Incluo ou excluo colegas pregadores?

– Aceito críticas de outros pregadores ou do povo?

– Sei criticar e discordar com amor?

– Falo e contesto quando vejo algum pregador falar a milhões de pessoas e oferecer algum enfoque errado?

– Louvo e liberto ou sou monista: só louvo, só liberto?

– Sei aplaudir e reconhecer a profecia dos outros? Volto atrás em algumas posições?

– Tenho aura de astro? Sofro de *holofotite* ou *microfonite* agudas?

– Sofro da mesmice verbal?

– Não resisto à evidência?
– Oro ou só confio no meu talento?
– Entendo o que Deus quer de mim como seu porta-voz?

MIL RAZÕES PARA ANUNCIAR JESUS

Alguma razão, nós católicos, temos para comunicar a fé. Os evangélicos terão as suas, os judeus as deles. Estamos há cerca de 40 séculos fazendo isso; os hebreus e judeus há mais de 30 séculos, os católicos, com este título, há quase 17 séculos, os ortodoxos há 10 séculos, os evangélicos tradicionais há 6, as igrejas pentecostais há menos de um século e algumas igrejas neopentecostais há menos de 50 anos.

Todos anunciamos que há um só Deus e que Jesus é o Filho eterno na Trindade de pessoas, que, porém, é um só Deus.

Mesmo que Jesus fosse apenas um excelente profeta, como afirmam ateus ou pessoas de outras religiões, ainda assim teríamos razões de sobra para anunciá-lo. Muito mais ainda temos o dever de anunciá-lo se cremos que Ele é Filho Santo com o Santo Pai e o Santo Espírito.

Na verdade, algumas denominações neopentecostais, embora tenham enorme poder econômico, não completaram 45 anos. Apostaram na mídia e no seu marketing da fé e isso lhe rendeu crescimento estratosférico. Estão em ascensão. O futuro dirá se estão certos.

Enquanto isso anunciamos Jesus e afirmamos que um dia Deus estará entre nós em carne e osso, porque fez kênosis e nos assumiu...

CRISE DE VALORES

O mundo está em crise de valores e a comunicação religiosa também. Não se trata de crise negativa. Como Jesus sofreu, seus seguidores sofrem enquanto tentam resolver os valores e as crises do mundo. E não minimizemos as crises das igrejas: acusações de pedofilia, as arrecadações pouco transparentes, métodos antiéticos de recrutamento de fiéis, grupos segregados, pecados que comprometem a moral de quem anuncia o puro Jesus.

1. **A crise de identidade:** deveríamos ser capazes de responder, e nem sempre somos capazes de dizer quem está falando, com quem, para quem e por quê.

2. **Há uma crise de crescimento:** até que ponto podemos crescer sem pisar nos direitos dos outros e empurrar o outro para fora? Em que meios estamos e de que maneira os utilizamos? Quem está crescendo, não está passando por cima dos direitos dos outros? Com que recursos estamos trabalhando? De onde os tiramos? Isso não afeta as comunidades onde arrecadamos os nossos recursos? Aceitamos entrar em acordo com elas ou passamos por cima do seu direito? Com que ética administramos os recursos que Deus nos dá para fazermos comunicação católica?

Se a nossa pregação significar o silêncio de outros ou mordaça para os outros, então ela não vem de Deus, sobretudo quando essa mordaça atinge nossos próprios irmãos.

3. **Há uma crise de conteúdo:** com que mensagens estamos chegando ao povo? Que enfoques estamos dando? Que unidade estamos gerando? Que diálogos estamos entabulando? Que ênfases estamos levando ao povo?

4. **A crise também é pessoal:** nossa pregação é *coletiva* e *comunitária*? É *dialogante* ou é *personalista*? Alguns indivíduos aparecem demais? O que é demais? O que é excesso de presença num púlpito?

5. **A crise de querigma:** com que porta-vozes estamos chegando ao povo? Com que projeto pastoral? Com que aberturas estamos comunicando?

PROFETAS EM TEMPO DE CRISE

Profeta é quem **profere**. **Proferir** *é dar o recado coerente, sem acréscimos inconvenientes ou demasiadamente personalistas*, ao ponto de deixarmos de ser porta-vozes de alguém maior do que nós.

Quem deseja **proferir**, vai precisar sempre do verbo **conferir**, porque **o verbo conferir garante a coerência do verbo proferir**.

Se o que o profeta **profere** depois não **confere**, é sinal de que ele **difere**. Será, portanto, um **diferente** e não um **proferente coerente.** Por isso, todo comunicador da fé precisa aceitar que questionem a sua coerência depois de cada conferência. Ninguém está com essa bola toda...

O mundo da mídia religiosa está cheio de profetas que **pro**ferem de qualquer jeito qualquer mensagem e, por isso, mais **di**ferem da Igreja do que **con**ferem com ela. Mais diferem de outros grupos de Igreja do que conferem com eles. Isso mais do que **fere** o corpo místico.

Os trocadilhos são intencionais. O leitor entenderá aonde queremos chegar com os acentos nos verbos **pro**ferir, **con**ferir, **di**ferir, **in**terferir e **ferir**. A palavra personalista e fora do contexto da Igreja mais fere do que liberta.

Pregador que tem seguidores incondicionais, prontos a desculpar qualquer erro seu e a pesquisar com lupa os erros dos outros, e que não os redirige para a Igreja, peca contra a unidade. Está brincando de ser farol.

DISCERNIMENTO

O antídoto contra toda profecia errônea, personalista demais, tangencial demais, *é o dom do **discernimento***. **Discernimento** é o dom de quem percebe se o próprio discurso, ou de um outro pregador que lhe fala, confere com a Bíblia e com a Igreja. Quem tem esse dom, vai além da beleza e da forma do discurso, dos gestos, dos olhares piedosos, das entonações, da claque, dos sons acrescentados ao sermão, que parecem divinos, mas nem sempre conferem com o tema do dia.

Em latim, nas bênçãos com o Santíssimo, cantava-se o *Tantum Ergo* e nele havia a expressão *"veneremus cernui": reverenciemos com discernimento.* Em outras palavras, saibamos o que estamos a fazer!

Aquele que percebeu o que Jesus sugere em Mt 24,24-25 e em Mt 7,21-28 sabe distinguir entre *a profecia coerente do proferente* e a *profecia vazia*, que sem dúvida *é diferente, mas não é coerente.*

Profecia tem de andar junto com coerência e discernimento. Se não anda, é porque faltou prudência e conhecimento. Alguém se arriscou a remar em ondas que não conhece ou a voar em avião que não sabe pilotar. Decolou sem ter tido aulas de pilotagem apostando no Espírito Santo que paira no ar. Não entendeu que o Espírito Santo não tem asas nem voa!

ENTRE O VERTICAL E O HORIZONTAL

Há uma comunicação que *forçosamente terá de ser vertical*. Estamos falando com alguém mais alto do que nós ou talvez com pessoas em situação bem mais difícil que a nossa. Temos, então, que olhar para cima e também para baixo. É o caso da Pastoral junto aos drogados, aos desesperados e aos feridos pela vida. Quem está fora do poço, ofereça uma corda. Quem foi ao fundo, procure--a. Quem não souber ajudar, ao menos não atrapalhe.

Haverá momentos em que a comunicação precisa ser: "nós e Deus". *Noutros será forçosamente horizontal*: "nós e o nosso próximo".

Falando a Deus ou de Deus, a comunicação pode ser as duas coisas. Não há por que diminuir a importância da comunicação vertical nem da horizontal. Os dois braços da cruz de Cristo tinham cada qual o seu significado. Não faz sentido discutir sobre qual deles era o que mais santificava. A Igreja precisa saber trabalhar uma comunicação espiritual que busque a psicologia do profundo e uma comunicação social que também pratique o profundo da justiça.

Se não ficamos atentos, transformamos a pregação, que deveria ser cheia de transversalidade e capaz de abranger todos os aspectos da vida humana, em pregação tangencial sectária, fechada, repetitiva.

CONTEÚDO E TRANSVERSALIDADE

Para pregar a *transversalidade*, precisamos conhecer a Bíblia, o Catecismo, o Compêndio da Doutrina Social, os documentos da Igreja, a palavra do papa, dos bispos, dos sínodos, dos concílios, a História da Igreja.

Não é possível pregar de maneira transversal se não conhecermos a Igreja do passado e a de hoje e se nem sequer lemos os documentos oficiais da nossa Igreja.

Acabaremos em pregação tangencial, ligada apenas ao nosso movimento, às nossas místicas e aos carismas pessoais. E passaremos a vida dizendo: – *Jesus me disse, Deus me disse; Deus quer, Jesus quer.* Nunca dizendo: – *Penso que Jesus disse. Sei que Jesus disse à minha Igreja no documento tal e tal. Sei que minha Igreja diz isso no documento x, y. O que estou dizendo é palavra da Igreja no documento y, z. Isto que acabo de dizer é palavra do Papa João Paulo II.* Então, estaríamos pregando com transversalidade.

Mas se pregarmos só a nossa própria ideia, só o nosso grupo e só na nossa linguagem, cometeremos o erro da tangencialidade. Descartar ou ignorar sistematicamente os documentos da Igreja, para acentuar 365 dias por ano o tangencial do qual gostamos, é gostar errado, optar errado e pregar de forma sectária.

ENTRELAÇADOS

Franciscanos, dominicanos, beneditinos, jesuítas, carmelitas, redentoristas, verbitas, dehonianos, estigmatinos, salvatorianos, paulinas e paulinos, premonstatenses, *todos esses carismáticos da Igreja acentuam o seu carisma, mas gastam mais tempo tentando entender o dos outros,* caminhar juntos, buscar a transversalidade da pregação, ler os livros uns dos outros, celebrar o santo e a festa do outro, pregar juntos, orar juntos, tudo porque descobriram a transversalidade da fé que inclui também o que Deus disse ao outro grupo, ao outro movimento, aos outros carismáticos.

Para eles a parte pessoal ou de seu grupo/ordem tem espaço privilegiado, mas conseguem um discurso eclesial que os capacita a orar e falar de um jeito franciscano ou jesuíta quando entre si, e ter um discurso católico aberto quando com os outros. Em outras palavras, franciscano sabe orar com jesuíta; jesuíta não impõe sua linguagem a franciscano; paulino e dehoniano trabalham juntos, sem um impor a sua mística no outro ou sua linguagem, ou seu modo de orar. Aprenderam a comunicação transversal.

TRANSVERSAIS E NÃO EXCLUDENTES

É diferente com os que vivem da comunicação tangencial. Têm dificuldade de orar e de cantar com os outros. Quando podem, dão um jeito de impor o seu jeito de orar. Os que conseguem orar com os outros e como os outros conseguem-no porque foram preparados para a universalidade e para um discurso verdadeiramente eclesial. Estudaram também o pensar dos outros e o que Deus fez nos outros, não só o que fez no seu grupo. Não consideram conversão o fato de alguém entrar para o seu grupo. Entendem isso apenas como opção. Também não consideram perda de fé o fato de alguém do seu grupo mudar para um outro, como é o caso de um redentorista que se torna dominicano ou de um franciscano que se torna beneditino. Não é traição...

TANGENCIAIS E EXCLUDENTES

Os que se fecham só em sua mensagem e acham que para um católico ser de Cristo precisa passar pelo seu movimento e para alguém conhecer o Espírito Santo precisa fazer a mesma experiência que fizeram, esses irmãos limitam-se e deixam de ser úteis à Igreja porque se fecharam na sua espiritualidade. Jamais conseguirão orar, falar e pregar como e com os outros. Pior ainda, quando impõem o seu jeito e os seus vocábulos nos outros.

A comunicação da Igreja está em crise quando os comunicadores não respeitam um a linguagem do outro e nas horas transversais não conseguem orar como toda a Igreja ora. Por isso e muito mais, é preciso ensinar, em tempos de crise, uma comunicação *dialogante*, de *aprendizado*, de *unidade*, a fim de que todos, conservando o seu carisma, sejam capazes de conhecer e de respeitar o carisma do outro. Não é que a tangente não seja bonita. É que ela é muito pequena e parcial para representar toda a Igreja.

Jesus, ao morrer na cruz, deu-nos uma lição dizendo que, quando fosse elevado da Terra, atrairia todos a Ele. Estaria preso, entre o vertical e o horizontal.

COM PODER E MAJESTADE

Vamos à constatação:

Com poder e majestade, homens e mulheres donos de mídia decidem quem fala ou se eles mesmos falam a 30, 40, 100 milhões de pessoas.

Com poder e majestade, alguns pregadores religiosos compraram para si, em nome dos fiéis, instrumentos poderosos e, através deles, chegam a 50, 70 milhões de pessoas em milhares de torres de retransmissão. Entram em milhões de lares com sua mensagem e com seu jeito de ver Jesus e de anunciá-lo.

Com poder e majestade, constroem e espalham torres e pregam a tanta gente que nem os apóstolos reunidos ousariam imaginar possível. O máximo de pessoas a quem Jesus provavelmente falou foram 10 ou 20 mil pessoas. Sabemos que na multiplicação dos pães falou a 5 mil homens, sem contar as mulheres e crianças; não eram mais de 20 mil pessoas.

Mas esses seus discípulos, de manhã, à tarde, à noite, às vezes na madrugada, falam a milhões. *Estão anunciando Jesus com meios mais poderosos do que aqueles que Jesus utilizou.* Decidem vidas, dizem aos fiéis o que eles devem fazer, marcam data para o milagre e alguns ressuscitam até três pessoas numa noite só. Inebriados do poder que dizem possuir e dos meios e grandes templos que ergueram, afirmam, com certeza absoluta, que Deus fará o que eles estão dizendo que Deus há de fazer. Sua fé garante o que nem Deus garante.

Com poder e majestade, falam a uma plateia silenciosa que os ouve por horas.

Com poder e majestade, decidem até os trajes daqueles que os ouvem. E não faltam os que sugerem que a pessoa largue o seu parceiro de casamento que é de outra religião.

São milhares as vozes dos que anunciam Jesus. Alguns com 5 a 10 mil adeptos, outros com cacife econômico e político tornaram-se pequenos deuses ou grandes pequenos deuses.

Estão certos quando querem chegar a milhões de pessoas. É direito deles. Estão errados quando nada os detém e, em desrespeito aos sadios princípios da ética, num *marketing* muitas vezes falso ou esquemas ditatoriais que, muitas vezes, derrubam ou amordaçam os outros.

Afinal, por que a outra Igreja deveria ter a concessão daquele canal, se eles podem comprá-lo por um preço imbatível? Por que deve a outra Igreja chegar, se eles chegaram antes e com mais dinheiro? Por que devem ceder o microfone para o outro pregador com mais conteúdo, se eles acham que eles têm mais unção e que a graciosa mocinha de quinze anos que é do grupo dará um recado mais profundo e ungido que o bispo presente?

Com poder e majestade, os apóstolos e discípulos de hoje chegam muito mais longe do que os apóstolos e discípulos de ontem. Mas como toda a busca de poder estabelecem uma guerra entre si. É um "quem pode mais" seguido de um "Deus nos acuda". Repetem-se os velhos tempos de disputa entre *donatistas, arianos e legalistas*.

No ano de 2005 um deles, cristão e pregador da fé, chegou a propor que seu governo deveria assassinar o líder de outro governo hostil. Tudo em nome da justiça e de Jesus! A comunicação dos religiosos está tornando-se forte e poderosa, com todos os riscos de um poder tão grande concentrado nas mãos de poucos, porque em nenhuma dessas igrejas o povo é consultado a respeito do que acontece na sua mídia.

QUALQUER UM, QUALQUER PREGADOR, DE QUALQUER JEITO

As bancas estão cheias de revistas de teor religioso. Algumas sérias, imparciais, produzidas por pessoas que de fato estudaram o comportamento religioso e o conteúdo das religiões. Outras, mesmo que assinadas por pastores ou sacerdotes, revelam falta de seriedade e de conhecimento. Ainda existem aquelas feitas por aventureiros que nunca puseram os pés numa Igreja, mas que sabem que pequenas revistinhas de orações infalíveis vendem. Muitas daquelas orações por eles compiladas negam o catecismo católico. Uma delas, por exemplo, sugere que se ponha diante de uma imagem um copo de água e a roupa do enfermo e se ore dez vezes a invocação: *"Como esta roupa foi lavada de suas impurezas, assim também seja este enfermo lavado de suas enfermidades".*

A oração vem com a garantia de que no terceiro dia o doente estará curado! Nem a Bíblia nem o Catecismo Católico autorizam tais promessas mágicas.

As livrarias estão abarrotadas de livros com relatos pessoais ou propostas religiosas. Isso significa que estamos numa democracia de pleno direito, mas pleno direito não é a mesma coisa que informação correta.

Quando qualquer um que não estudou, não conseguiu aprovação por seus conhecimentos, simplesmente, a troco de lucro ou de vontade pessoal, escreve uma revista, publica um livro ou edita um CD de canções, mas não se dá ao trabalho de examinar o seu conteúdo... algo está errado naquela igreja local que não vigia o seu pregador entusiasmado.

Pior ainda, se falta a humildade de pedir que doutores e estudiosos opinem sobre o seu trabalho. Neste caso, estamos numa crise de catequese.

Todos deveriam ser catequistas, mas não é qualquer um que pode falar a milhões de pessoas. Há que ser capacitado para isso. As televisões e rádios do mundo não põem qualquer repórter ou âncora diante de suas câmeras ou microfones. As igrejas o fazem! Grande número de apresentadores jamais fez um curso de catequese ou de comunicação. É um amadorismo que custou e, a curto prazo, custará caro para a fé!

Que haja à frente desses veículos sacerdotes e leigos devidamente preparados para a missão.

Quando, em qualquer Igreja, qualquer um pode pensar e publicar o que ele bem entende e cabe aos fiéis o discernimento de comprar ou não comprar, ler ou não ler... alguma coisa está errada com essa Igreja e com esse país, porque o charlatanismo é proibido por lei, mas a lei não é aplicada.

Anunciar milagres falsos, oferecer soluções mentirosas, chamar os fiéis para visões e milagres evidentemente forjados, ressuscitar três pessoas, que não por acaso morreram num curto espaço de uma hora perto do mesmo templo onde o milagre seria realizado, sem presença de médicos, sem que ninguém pudesse tocar nos cadáveres, é charlatanismo da pior espécie! Cheira a embuste!

Realizar casamentos de divorciados famosos sem o aval da Igreja ou dar bênçãos solenes de estola e capa magna, que parecem substitutivos da cerimônia, e depois declarar que foi apenas bênção de segundas uniões, é ignorar as normas e a eclesialidade.

Isso acontece diante das câmeras! Não obstante, nem sempre se exige esclarecimentos. No Brasil de hoje, qualquer um pode informar errado, falar errado, pregar errado, escrever errado, anunciar errado, proclamar milagres na hora, indicar data e horário para futuros milagres, e não se toma nenhuma providência.

No Brasil de agora, são milhares os folhetos, panfletos, revistas e livros com graves erros de conceito religioso que passam de mão em mão. Ninguém toma providência, em nome da democracia. Mas como em democracia não se pode conceder o direito de enganar, também não se pode conceder o direito de anunciar mentiras.

A lei e os mecanismos existem. Quem vende um produto falso pode ser preso ou multado. Quem oferece um produto que não corresponde em tudo ao que foi anunciado, pode ter sua licença cassada. Quem monta um restaurante com alimentos deteriorados, pode ser gravemente punido. Quem ensina fórmulas de bombas na internet, pode ser preso. Portanto, existem leis contra o embusteiro, o enganador.

Mas contra o embusteiro, enganador, que se utiliza da comunicação para ensinar uma fé errada, cobrar preços estratosféricos para seus shows, nada se faz em nome de uma falsa liberdade religiosa. Seria o mesmo que permitir que qualquer um posasse de guarda, de polícia ou de comandante.

Assim como é proibido vestir-se de soldado e atuar como soldado, quando não se é soldado, vestir-se de guarda de trânsito e comandar o trânsito quando não se é guarda de trânsito, assim também deveria ser proibido vestir-se de franciscano ou de padre, sem ser padre, ou de pastor, sem ser pastor. Também não deveria ser permitido pregar sem ter os estudos necessários nem publicar catequese sem provar que estudou para isso.

Em nome da liberdade de falar, permite-se que alguém fale do que não conhece e ensine visões erradas da vida. Se alguém quiser saber o que é uma visão religiosa aceitável, é só perguntar às religiões que estão há séculos ensinando, para ver que há verdades sobre as quais existe um consenso. E, mesmo não havendo consenso, teria de haver bom senso

Hoje, a ninguém é permitido ensinar que Deus manda matar. Portanto, não é permitido divulgar um livrinho de orações no qual se reza pela morte do filho da outra ou do inimigo, ou no qual se entrega alguém aos cuidados do diabo. Foram erros dos religiosos do passado que, hoje, os religiosos sérios jamais subscreveriam.

O TAMANHO DA CRISE

O tamanho da crise depende do número de fiéis que seguem essa direção e do número de bancas e livrarias que vendem tais literaturas que seriam como alimentos deteriorados para a alma.

Deve haver mecanismos para defender o povo desses tipos de charlatães, e se não há, deveria haver. Que os deputados e senadores saibam fazer tais leis, sem ferir a democracia, mas que as façam, para que as pessoas não sejam feridas. Se não é qualquer um que pode advogar, montar consultório, também não deveria ser qualquer um que pode pregar ou ensinar teologia.

PREGADORES DE UMA NOTA SÓ

Filósofos monistas, como os milésios, Tales de Mileto, Anaximandro e Anaxímenes ensinavam que o princípio da vida era: ou a água ou "apeíron", ou o ar.

Eram chamados, de monistas porque diziam que tudo derivava de um só princípio: ou fogo, ou água, ou números. Tentavam simplificar os conhecimentos humanos ou achar uma solução única. Eram bem-intencionados, *mas sua ênfase num só aspecto, seu acento em uma só direção,* revelaram um erro. A vida é muito mais complexa do que eles pretendiam que fosse.

Quando religiosos, em sua comunicação, não fazem outra coisa senão ensinar apenas um aspecto da fé, cometem o mesmo erro dos filósofos monistas. Se tudo cair no funil da "política em nome de Deus" ou no funil do "louvor em nome da fé", a comunicação é falha, imprecisa e errônea.

Foi Jesus quem disse que só o louvor não leva para o céu. *Nem todo aquele que pedir "Senhor, Senhor" não entrará no Reino dos Céus* (Mt 7,21-22). Ele deixa claro o que leva para o Céu. Além do louvor, há outros gestos e princípios de vida que a Deus conduzem (Mt 25,31-46).

A pregação de Jesus nunca se fixou num só aspecto. Construiu a boa notícia sobre muitos pilares, tomando o cuidado de acentuar que o pilar mais forte era o da justiça e o da caridade. Por isso em Mt 5,23 Ele diz que se alguém tivesse uma oferta – portanto, um ato de louvor diante do altar – e se lembrasse a necessidade de levar a paz ou de fazer a paz com algum irmão magoado, a paz viria em primeiro lugar.

Foi Jesus quem disse que quem louvasse, profetizasse, expulsasse demônios em seu nome e não fizesse os atos de justiça e de caridade, que são da vontade do Pai, tal pessoa não seria aceita por Ele nem reconhecida como um membro do seu grupo (Mt 7,15-24).

Mas Jesus tomou o cuidado de não colocar *a caridade como o único caminho*. É a virtude maior, porém, há outras virtudes. Jesus, então, ensina inúmeras outras atitudes salvíficas, como sinal da comunicação do ser humano com Deus, consigo mesmo e com os irmãos.

A boa comunicação, segundo Jesus, é feita da busca de muitas virtudes, sendo o amor a maior de todas elas. Paulo reforça isso no seu hino ao amor (1Cor 13).

O risco de ser um cristão que só fala de políticas ou que só fala de louvor, ou só de Maria é que ele não entendeu a amplitude e a profundidade do Cristo. Religião de um só tema é religião deturpada.

CANTAI UM CANTO NOVO

Quem acha que comunicar é fácil e que basta:

– pegar o microfone e improvisar algumas falas;
– dizer algumas coisas decoradas e repetir isso todos os dias diante de uma câmera;
– cantar as mesmas canções e, como calopsitas da fé, dizer as mesmas coisas em todos os shows;
– e acabar dizendo, nas reuniões, sempre as mesmas palavras ou sempre as mesmas frases...

Quem acha que basta isso para comunicar o Evangelho, enganou-se.

Não foi à toa que o salmista disse: *Cantai ao Senhor um canto novo* (Sl 98,1; 144,9) e disse aos músicos: *Tocai com maestria e com júbilo* (Sl 33,3). *É que a mesmice é a inimiga da verdadeira comunicação.*

Decorar algumas expressões, assumir não mais que 100 vocábulos e ficar repetindo tudo isso, dia após dia, mês após mês, ano após ano, pode até fazer bem, mas não é bem essa a comunicação que a Igreja espera de alguém que pretende ser seu pregador e seu profeta.

Esse tipo de *comunicação substanciosa, de conteúdo*, só vem com leituras da palavra de Deus, dos documentos da Igreja, dos pronunciamentos dos papas e de teólogos profundos. Quem não fizer isso, estará, de certa forma, tentando o Espírito Santo. É como se a pessoa dissesse ao Espírito Santo: *Eu não lhe dou nenhum esforço, não vou ler, mas vou orar bem e vou ficar cheio de unção. Em troca o Senhor ponha em minha boca palavras de sabedoria*.

Acontece que sabedoria vem de "saber", que significa o ato de assimilar que é fruto do conhecer. Como vou repetir palavras da Bíblia se não leio a Bíblia? Como vou traduzir os ensinamentos da Igreja se não os leio? Como vou escolher trechos especiais se não li? Como relacioná-los se não cursei exegese?

É chato ter que dizê-lo, mas alguns pregadores – sacerdotes, religiosos e leigos –, avessos à pesquisa, ao estudo, ao aprendizado, disfarçam sua preguiça intelectual e mental com uma tintura de unção e proclamam que aquilo que estão dizendo foi o Espírito Santo que lhes pôs na boca, quando se percebe que é tudo frase decorada, expressões da mesmice que aprenderam com alguém e agora repetem. Uma coisa é repetição pedagógica consciente, outra coisa é a repetição de CD: é só apertar o botão que saem aquelas palavras!

Falando com toda sinceridade e correndo o risco de errar o que afirmo, digo que comunicar a palavra de Deus e anunciar Jesus é muito difícil.

Além de exigir coerência, santidade e unção, virtudes que se esperam de todos os cristãos que pretendem anunciá-lo; além de requerer humildade, virtude, que nem sempre são fáceis de ter quando se fala para multidão, requer **conteúdo armazenado**.

Nosso cérebro é como uma biblioteca onde se guardam informações: está cheio de arquivos. A inspiração de Deus consiste exatamente em nos fazer tirar do arquivo a maioria das nossas ideias que lá colocamos, agora porém de maneira concatenada. Ora, se não temos nada nos arquivos, vamos tirar o quê? Vamos exigir do Espírito Santo o milagre de colocar em nós as ideias que nunca tivemos, nunca procuramos e nunca armazenamos? A doutrina da Igreja sobre o Espírito Santo passa pelo que disse Jesus aos discípulos, afirmando que o Espírito, que Ele enviaria, ensinaria e confirmaria tudo o que Ele havia ensinado (Jo 14,26). Então o Espírito Santo iria operar no conteúdo da graça prévia! Ele não tiraria do nada. Iluminaria o que já estava ali e aperfeiçoaria o que fora começado.

Jesus disse que o homem prudente tira de seu tesouro coisas novas e velhas (Mt 12,35; 13,52). Supostamente, ele tem esse tesouro, porque armazenou para o Reino de Deus. Da mesma forma que armazenar experiências é um serviço aos outros e a nós mesmos, armazenar conhecimentos também é um serviço a nós mesmos e aos outros. E o que é mais importante, um serviço ao Reino de Deus.

Demos ao Espírito Santo uma biblioteca de informações colhidas em leituras, cursos e estudos, e certamente seremos melhores pregadores do que somos, porque ele nos iluminará para tirarmos desse arquivo e do nosso tesouro acumulado de sabedoria coisas novas e velhas. Não nos iludamos! Para a luz se propagar, ela precisa de alguma substância. Tem de haver alguma partícula. Deve haver algum particular.

Experimente entrar numa biblioteca vazia e sem livros ou, no máximo, com dois ou três livros, e é claro que dali não tirará muita coisa. Mas procure uma biblioteca cheia de livros e de informações e provavelmente irá tirar dali muitas inspirações.

Querer que Deus encha de sabedoria alguém que nunca acumulou nenhum saber é tentar o Senhor Deus! Até porque sabedoria é acúmulo de saberes. Por favor, pregador da fé, leia mais, estude mais, se quiser anunciar Jesus em tempos de crise!

Uma das crises de todas as Igrejas consiste exatamente em ter pregadores que não leram. Por isso dizem coisas sem nexo e ainda caluniam o Espírito Santo, querendo convencer o povo de que foi o Espírito Santo que os levou a dizer aquelas coisas sem nenhum sentido.

Querem dar um sentido à sua pregação? Estudem teologia. Ouçam os teólogos e especialistas em saberes da fé. Leiam com maior atenção sua Bíblia, não fiquem apenas com ela. Leiam também os documentos da Igreja, que são a fé interpretada para o nosso tempo, e depois quando falarem, falarão com a sabedoria de todos os tempos e com a sabedoria da Igreja. Irão muito além do "Jesus me disse", "Eu acho" e "Eu penso". É muito mais bonita a pregação daquele que afirma "Diz o Santo Livro", "Diz o profeta Jeremias", "Disseram os profetas Paulo e Pedro", "Disse o Papa João Paulo", "Disse o Papa Pio X", "Disse o Papa João XXIII", "Disse Bento XVI", "O papa está dizendo", "O Concílio Vaticano ensinou", "Isso está na Encíclica *Redemptor Hominis*", "Esse é um pensamento do teólogo Karl Rahner", "Os teólogos católicos estão dizendo".

Quando começarmos a oferecer a sabedoria de tantos séculos e de tantos estudiosos, aí sim poderemos começar a chamar o que pregamos de "anúncio de Jesus Cristo". Caso contrário, estaremos anunciando a nós mesmos e nosso eu, extremamente pobre de conteúdo, não tendo suficiente sabedoria para falar todos os dias a milhões de pessoas.

Sejamos espertos. Valhamo-nos dos ensinamentos e dos estudos dos que foram mais fundo do que nós, porque *ir fundo nos estudos é, também, uma forma de santidade.*

INSÔNIA DE PREGADOR

Sacerdote provado em virtude e sabedoria, um amigo meu confidenciou-me, certa vez, quando falávamos do anúncio de Jesus em tempo de crise:

Passei acordado muitas noites durante pelo menos 30 anos da minha vida. Quando o sono não vinha, eu orava, depois me levantava e ia ler algum livro. A leitura dos textos sagrados e dos pensadores foi me fazendo um pensador. De tanto fazer esforço por assimilar mais conhecimento a fim de anunciar melhor Jesus, eu acabava dormindo de cansaço.

No outro dia estava extenuado. Com o tempo, descobri que essas insônias, em parte, eram culpa minha que não me alimentava direito e não fazia os exercícios necessários para ter um sono mais reparador. Mas em parte, também, minhas insônias eram fruto de minha preocupação em anunciar Jesus e de aprender mais sobre Ele e sobre o ser humano. Era ansiedade.

À medida que fui aprofundando e lendo os textos e documentos, fui adquirindo também essa sabedoria de saber descansar para melhor anunciar o Senhor Jesus. Faz uns 20 anos que durmo bem e não preciso de tanto sono. Acordo descansado. Meus olhos aprenderam, meu coração entendeu, mas continuo dizendo que estudar cansa, pregar cansa, ir ao encontro do povo cansa, mas é cansaço que faz bem.

Reproduzi integralmente o que ele falou porque estávamos conversando e eu tinha o gravador ligado. Permitiu que o dissesse, mas suplicou que não falasse o seu nome. É um excelente professor de teologia.

Algo semelhante me ocorreu. Passei e passo ainda pela experiência de, às vezes, atravessar algumas noites sem dormir. Quase sempre coincide com leituras profundas que andei fazendo e que minha mente não destrinchou e gostaria de destrinchar. Quase nunca é por preocupação com algum problema. O que me tira o sono é a necessidade de compreender, de entender melhor um acontecimento, um fato ou alguma doutrina.

Meu espírito quer ir fundo, mas eu não tenho as informações das quais preciso. Então, leio quem foi mais fundo do que eu. Agora mesmo, estou relendo, para citação, Karen Armstrong: *"Uma História de Deus"* e *Em defesa de Deus"* (Companhia Das Letras). E acabo de ler Herbert Marcuse: *Eros e Civilização.*

À medida que vou lendo e assimilando, é como se colocasse em pastas especiais tudo o que me entra pela retina. Depois, o trabalho de selecionar e colocar em ordem tanta informação é que, às vezes, me tira o sono. Nunca durou muito tempo: uma semana, no máximo dez dias, depois volto a dormir tranquilamente.

O fervilhar de alguma intensidade intelectual nascida das leituras de livros importantes e profundos me leva a agradecer a Deus a existência dos teólogos, filósofos, irmãos e irmãs que foram mais fundo que eu e me deram de presente, por meio de seus escritos, suas descobertas. Cabe a mim, depois, aprofundar e viver essas experiências. Devo passá-las ao povo de maneira compreensível, porque este parece ser um dos dons que Deus me deu. De qualquer maneira, *há uma espiritualidade no aprender a que poderíamos chamar de espiritualidade de aprendiz*. E ela produz cansaço.

TAREFA QUE CANSA

Comunicar nunca foi e jamais será fácil. Vai trazer cansaço espiritual, às vezes cansaço mental, cansaço físico, e não poucas vezes vai trazer contrariedades. Não é apenas questão de decorar e dizer palavras que os outros já disseram. É preciso dizer o que os outros já disseram, mas de maneira nova. E para isso é preciso aprender a assimilar e mergulhar na leitura.

Na verdade, nossa missão é tecer, com as várias linhas e novelos, um manto para oferecê-los ao povo. Esse processo de receber a linha desse teólogo, a outra linha daquele teólogo, a outra linha daquele documento, e, pacientemente, ir colocando e dando forma ao manto que queremos vestir ou dar de presente ao nosso povo, é um processo cansativo. Trata-se de combinar conhecimentos e depois oferecê-los de volta ao povo, devidamente reordenados e mastigados por nós, para que o povo também os reordene e mastigue. Não foi e não será fácil!

A tendência de muitos pregadores é pregar a certeza e dizer ao povo: *"Nem ousem pensar. Eu já pensei por vocês. Confiem em mim que se eu disse é porque é certo! Eu garanto"*. Não são poucos os que dizem exatamente isso: *milagres garantidos...*

Isso para não falar dos que mandam embora do seu grupo os que perguntam demais e não se mostram dóceis a seus ensinamentos... Entrou lá, abaixe a cabeça e aceite sem perguntas embaraçosas! Não distinguem entre o aprendiz que quer esclarecimentos e o rebelde que deseja apenas ser do contra.

Uma coisa é declamar e repetir fórmulas mágicas. Outra coisa é repetir conscientemente palavras de sabedoria de algum outro irmão e, eventualmente, alguma nossa. Deus certamente inspirará, mas se não dermos a Deus um cérebro cheio de informações, vai ser difícil Ele inspirar. Seria o caso de perguntar: *Soprar o quê? Soprar o que sobre quem?*

O fato de a Igreja ter excelentes e cultos pregadores é auspicioso. Alguns deles são jovens que estudam e leem muito. Compensam pelos outros que, a cada nova fala, demonstram não dar importância alguma aos teólogos e aos pensadores da Igreja. Pregadores despreparados e de pouca cultura falando para milhões de católicos preocupam. Será o reino da mesmice!

Os dois lados precisam de humildade. Os preparados, para falarem mais na mídia, e os menos estudados, para estudarem mais. A riqueza de conteúdo da Igreja não pode ficar nas estantes.

A IMPORTÂNCIA DO CONHECIMENTO

Se o conhecimento não fosse importante para a fé, não existiriam as Sagradas Escrituras e não teriam sido transformadas em livros.

Se conhecer, saber e estudar não fossem importantes, os discípulos não teriam escrito, nem eles, nem as comunidades cristãs. Teólogos escrevem, deixam gravados os seus depoimentos, filósofos escrevem, sociólogos escrevem. Os papas, os bispos, reunidos em concílio ou individualmente, escrevem para deixar consignado algum conhecimento.

TRANSMISSORES

Espera-se que esse conhecimento, compendiado numa encíclica, numa exortação apostólica ou num livro redigido com determinado objetivo desse conhecimento, *chegue ao povo por meio dos pregadores da Igreja local. A eles é dada a missão de ir buscar nas fontes.* Ora, se eu sou, na linha de distribuição do conhecimento, aquele que, mais lá embaixo, precisa passar ao povo dessa água de sabedoria, o mínimo que tenho de fazer é estar ligado ao canal e, se canal não houvesse, o mínimo que teria de fazer era ir buscar na fonte a água que tenho de dar ao meu povo.

Adquirir esse conhecimento é, pois, uma vocação exigentíssima. Todo cantor precisa adquirir novos conhecimentos musicais para não cair na mesmice de escolher canções mal-escolhidas, mal-executadas e mal-anunciadas. Todo pregador também, para fugir da mesmice, precisa mergulhar em novos conhecimentos ou rever os antigos conhecimentos. Seus livros deveriam estar rabiscados ou seus cadernos de anotações deveriam estar disponíveis.

MANEIRAS DIFERENTES

Se alguém nos chamar para falar da graça, da misericórdia, da compaixão, se insistirmos em dizer sempre a mesma frase, as mesmas coisas e nunca procurarmos as nossas anotações nem os livros, achando que o Espírito Santo irá iluminar-nos por aquelas frases que decoramos, estaremos demonstrando não conhecer a ação do Espírito Santo.

ABASTECER-SE

Abastecer-se faz parte do verbo crer. Ir buscar na fonte faz parte da nossa fé católica, sobretudo para aquele que foi nomeado pregador. Se alguém também se autonomear pregador, profeta, terá ainda maior responsabilidade de provar que sabe das coisas.

Um número entristecedor de pregadores católicos e evangélicos despreparados apossou-se de microfones e de câmeras e, quando falam todos os dias, todas as semanas, demonstram não terem lido absolutamente nada desde a última conversa que tiveram com o público. Acabam repetindo a mesmíssima coisa, até em suas orações "improvisadas".

Tenho me batido, às vezes de maneira até provocadora, por esta fé anunciada com maior conhecimento. *Não é preciso sermos doutores, mas precisamos pelo menos ser procuradores de conteúdo, buscadores de água da fonte e* distribuidores daquilo que veio da fonte. Como vou distribuir, se o meu balde está vazio? Não posso esperar que o Espírito Santo todos os dias faça o milagre de encher o meu balde com a água que não fui buscar. Deus não incentiva os preguiçosos.

A TEMPO E A CONTRATEMPO

Na insistência de bater nessa tecla e até denunciar irmãos que falam a milhões e não vão buscar água da fonte, granjeei alguns adversários e inimigos. Não era essa a intenção, mas paciência! Alguém tem de insistir no fato de que o indivíduo que recebeu o microfone e fala para 500 mil ou 5 milhões de pessoas, aquele a quem foi dado um programa de televisão e diante das câmeras fala para 15, 20, talvez 30 milhões de pessoas, tem uma responsabilidade muitíssimo maior que os outros pregadores.

Se não for buscar na fonte e o seu balde estiver vazio, não espere que o Espírito Santo encha seu balde de água porque a água já existe. Ele já deveria ter ido buscá-la.

FONTES PERENES

A Igreja tem dezenas de livros, de documentos oficiais; existe a internet, existem as livrarias católicas, existem as bibliotecas e existem fontes de informação. Mas se o sujeito, sistematicamente, vai ao seu programa sem ter lido nada, então, o erro é dele. Colocou o seu charme a serviço do Evangelho, sem saber que charme é coisa que passa. A palavra de Deus é que não passa. A da Igreja também dura, às vezes séculos. Quando a Igreja revê a sua palavra, quase sempre é para acrescentá-la e aprofundá-la com novos conhecimentos que os teólogos, os escritores e os papas foram buscar.

É um desafio tremendo ter acesso a microfones e câmeras que nos jogam nos lares de milhões de irmãos, inclusive de irmãos de outra fé, e é muito triste pensar que, de repente, oferecemos a eles um balde vazio de água que não buscamos e, quando despejamos, é um balde de pouca água, poucas palavras e estas repetidas. Parecemos distribuidores de pão amanhecido, quando a padaria estava ali pertinho, ao nosso alcance.

Alguns dentre nós, comunicadores e pregadores da palavra, envelhecemos em seis meses e depois nunca mais nos renovamos. É como se tivéssemos ido buscar água pura da fonte e depois deixássemos que ela chocasse, guardada na geladeira da nossa fé que não se renova, porque o conhecimento não se renovou. Ninguém ama o que não conhece; ninguém amará mais o que não conhece mais. Jesus é mais adiante!

BUSCAR PROFUNDIDADE

Se você quer dar água de superfície, busque água de superfície. Se quer dar águas profundas, vá fundo. Se queremos anunciar Jesus com profundidade, busquemos essa profundidade. Se queremos anunciá-lo de maneira superficial, com não mais do que 50 frases decoradas, então admitamos: fizemos a nossa escolha. Chamemo-nos de pregadores imediatistas e superficiais ou charmosos, mas não de pregadores da palavra de Deus! Esta exige profundidade e profundidade, adquire-se cavando ou indo longe na nossa procura.

Como Paulo aos Efésios

É o que São Paulo desejava aos irmãos de Éfeso, em seu hino sobre Jesus Cristo, dizendo que desejava que fossem capazes de ir fundo e de medir o que é possível de ser mesurado no mistério do Cristo: altura, comprimento, largura e profundidade. Estava pedindo aos fiéis que estudassem (Ef 3,18).

AS ENTRELINHAS DO MUNDO

Deus tem suas entrelinhas. Os escritores que Ele inspirou, também eles, precisam ser lidos com as entrelinhas para entendermos o Livro Santo. Nem tudo o que está dito é para ser entendido exatamente daquela forma e há muita coisa que não foi dita, mas está lá nas entrelinhas. Por isso, estuda-se a exegese bíblica, para saber o que aquela narrativa e aquelas palavras significavam naquele tempo.

– A Bíblia precisa ser interpretada, mas não por qualquer um

Qualquer fiel pode ler a Bíblia, mas não é qualquer um que pode interpretá-la para os outros. Qualquer um pode fazer sua comida em casa, mas não é qualquer um que pode cozinhar para um restaurante. Há normas bem mais rígidas para uma cozinha de restaurante. Qualquer um pode erguer uma choupana, mas não é qualquer um que pode erguer um edifício de vinte andares. As exigências são outras.

Quando a versão diz que Jesus teria dito à samaritana que não é lícito dar aos cães o pão dos filhos, há uma entrelinha. Jesus não a estava chamando de nome feio. Era um provérbio que ela entendeu e rebateu dizendo que cãezinhos comem das migalhas... (Mt 15,27). Jesus percebeu a inteligência dela na hora de interceder pela filha. Elogiou-a.

A Bíblia muitas vezes diz mais do que aquilo que lemos. Jesus interpretava isso para os discípulos. Quando a Bíblia diz que não se pode trabalhar no sábado, há uma entrelinha que Jesus imediatamente explicou: mas o descanso do sábado não é mais importante do que a necessidade de um sofredor (Mt 12,8; Mc 2,27). O sábado não é mais importante que o ser humano. O rito não pode esmagar o devoto.

Foi esse o erro do pregador que, em plena televisão, respondeu a uma mãe com um filho enfermo que ela não poderia usar o dinheiro do dízimo para cuidar do filho. Disse-o com o famoso sorriso afável nos lábios, mas, na verdade, estava indo contra Mc 12,27. O Estado perdoa o imposto e permite descontos para quem tem grave enfermidade em casa, mas aquele pastor não exime do dízimo a mãe com um filho doente em casa! Interpretou a Bíblia a favor da contabilidade da Igreja...

A Bíblia chegou até nós por meio das traduções e das interpretações.

Tire a interpretação da Bíblia e você acabará lendo sem entender o contexto daqueles acontecimentos e daquelas profecias.

É um livro para ser interpretado. Jesus o interpretava (Mt 12,10-12).

– O mundo precisa ser interpretado

O mundo também precisa ser interpretado, porque a comunicação do mundo nunca é direta. Há muito mais por trás do que dizem os governantes e seus mensageiros. Imagine um país de cerca de 230 anos de existência e, aproximadamente, 300 milhões de habitantes, riquíssimo, poderoso, que depende de rotas marítimas, posições estratégicas, suprimentos de petróleo para manter o seu status. Quando esse país decide invadir um outro, de quase quatro mil anos e cerca de 40 milhões de habitantes, é preciso ler as entrelinhas de sua motivação. Certamente não foi apenas para implantar lá uma democracia ao seu estilo. Havia outras intenções por trás dessa decisão que afrontou a ONU.

Um comunicador cristão precisa achar o justo equilíbrio na análise e na crítica dessa decisão. Nem caberia a nós destilar ódio contra o governante dos EUA, nem também contra o governante do Iraque. Cabe a nós analisar os porquês, o que poderia estar certo e o que poderia estar errado na decisão, e depois opinar como cristãos que sabem que o mundo tem projetos e propósitos para além do que está no papel ou na mídia. A mídia, muitas vezes, joga o jogo dos poderosos, de um lado e de outro.

– Prudentes como pombas, mas espertos

A sabedoria daquele que foi chamado a comunicar a fé e anunciar Jesus Cristo, em tempos de graves crises econômicas, políticas, sociais e morais, está em saber ler nas entrelinhas dos acontecimentos. O mundo às vezes vai em direção intencionalmente oposta à direção de Jesus Cristo.

– Mídia tendenciosa

Se não conseguirmos perceber o desvio que o mundo toma, acabaremos indo junto. Se não soubermos dialogar com a mídia, enfrentá-la quando for preciso e fugir das suas insinuações, acabaremos com um discurso contrário ao de Jesus Cristo. A mídia recorre frequentemente ao *marketing* e aceita a mentira ou a meia-verdade como forma de chegar a seu objetivo. Nem sempre ela serve à verdade. Depende muito do instituto, do veículo e do comunicador.

– Religiões tendenciosas

Infelizmente, as religiões também fazem o mesmo. Depende muito do pregador e do grupo religioso, se o seu *marketing* da fé é verdadeiro ou não. Quando os fins justificam os meios, estamos fugindo do projeto de Jesus Cristo. Cabe ao comunicador fazer a exegese da palavra do mundo e da palavra de Deus. Isso não se faz sem estudo e sem leituras!

QUEREMOS VER JESUS

Em todos os tempos, a Igreja valorizou o ouvir e o ver. A palavra do profeta vinha mais pelo falar e pelo ouvir. O povo não sabia ler, mas os gestos e os sinais do Templo contribuíam para o aumento da fé. Também as esculturas e todos os trabalhos de ornamentação do templo serviam a essa didática.

O advento do Cristianismo não foi diferente. As estátuas pagãs foram substituídas por imagens de heróis da fé e as igrejas foram, com o tempo, enchendo-se de símbolos bíblicos em vez de símbolos mitológicos gregos ou latinos.

De certa forma, aqueles símbolos, desenhos, pinturas, imagens, frases coladas ao longo das paredes dos templos e nos telhados eram a sua maneira de ver Jesus. Muitos que não sabiam ler, viam por meio desses símbolos a presença do Livro Santo e nele a presença de Jesus. Era toda uma igreja educada para o visual e para o auditivo, já que muitos, ler, nem sequer imaginavam ser possíveis.

O advento da alfabetização em massa, que só ocorreu nos últimos dois séculos, a disseminação da escola tornaram possíveis a leitura dos livros santos e, com ela, o hábito de ler Jesus. Os cristãos não apenas viam Jesus por meio dos símbolos, pinturas e imagens, mas agora liam a palavra de Deus pessoalmente, enquanto também ouviam sua explicação. Já viviam a experiência de ver, ler e ouvir.

Hoje, o advento da internet permite que os cristãos possam ler, ouvir, ver e interagir. A palavra de Deus está lá. Também com o advento do telefone fixo, da telefonia móvel e da televisão, o fiel pode ler, ver, ouvir, interagir e tornar a palavra de Deus uma experiência do cotidiano. Todo fiel pode tornar-se um evangelizador em grande escala se souber utilizar a internet. Mesmo que não lhe seja dado acesso à televisão, pode sempre ter seu acesso pessoal e seu site na internet.

Se, por um lado, isso facilita a evangelização, por outro submete a riscos ainda maiores do que no tempo dos hereges e heresiarcas dos séculos III, IV, V, que desafiavam a formulação de um código de doutrinas católico. Imagino que se Montano, Ário, Nestório, Donato e centenas de outros disseminadores de doutrinas pessoais e a eles reveladas tivessem acesso como hoje à internet, à televisão e à rádio, praticamente não teríamos tido o desenrolar do cristianismo. Seria um Cristo visto de maneira ariana, nestoriana, montanista ou donatista.

– Resquícios de heresias

Aqui e acolá, teimosamente, subsistem os resquícios infiltrados nas Igrejas através de novos profetas e novos revelados, que de certa forma repetem suas teses e suas ideias. É a heresia disfarçada, mas a heresia continua!

Estamos repletos de *cátaros* e de *circumcelliones;* cristãos que se proclamam mais puros e se creem chamados a renovar a Igreja de Cristo, enquanto se mostram intolerantes no diálogo, incapazes de voltar atrás e seguros de que Deus está dizendo toda a verdade apenas para sua pequena Igreja ou seu pequeno grupo de Igreja. São exclusivistas, excludentes, e, o que é pior, acham que estão vendo mais...

Todos os que oferecem a verdade mais verdadeira quase sempre são menos verdadeiros do que os outros que humildemente admitem que há verdades que precisam ser mais aprofundadas.

LINGUAGEM TRANSVERSAL

Quando a Igreja propõe que os fiéis vivam o "queremos ver Jesus", está propondo uma linguagem transversal e ampla, porque ver Jesus é mais que ouvi-lo e ouvir sobre Ele. Detectar a presença dele no mundo, sobretudo nos outros, é fundamental para se viver a fé cristã.

Se não sou capaz de ler nas entrelinhas, se não sou capaz de interpretar os sinais do céu e do mundo, se não sou capaz de ver a graça de Jesus agindo no outro, certamente não sou capaz de ver Jesus em ação. E, sendo incapaz de ver a ação de Jesus, dificilmente verei Jesus no meu coração ou na minha mente.

– Chamado solidário

Queremos ver Jesus é mais um chamado à solidariedade e à importância de conviver com o outro em quem Jesus se manifesta. Seus sinais estão por toda parte, e se eu rejeitar os sinais que estão nos pobres, nos ricos misericordiosos, nos pecadores, nos irmãos que pensam diferente, então estarei rejeitando o próprio Jesus que deixou bem claro em Mt 7,21-28 que não reconheceria como seus os que não foram capazes de ler e praticar esses sinais de sua presença.

– A era visual

A nossa é uma era fortemente voltada para os olhos. O pecado nos dias de hoje entra muito mais pelos olhos do que pelas leituras e pelo ouvido. A televisão, os livros, as revistas, os *outdoors* se tornam onipresentes e quase que onipotentes. É quase impossível sair de casa sem se deparar com algum retrato de moça nua, de corpos nus, de provocação ao sexo, de exacerbação da libido em cada banca de revista diante da qual passamos, em cada *outdoor* que vemos, até sem querer ver. E se ligarmos a televisão de manhã, de tarde ou de noite, haverá sempre uma cena de alcova ou de nudez.

– Convite ao pecado

O convite para o pecado carnal e para o prazer sem responsabilidade é permanente. Depois, há os convites para gastar, comprar, endividar-nos. Há a tentação do dinheiro, do luxo, da riqueza que não podemos nem sequer adquirir, quanto menos ostentar. *E estão lá convidando também para a festa da vida e, praticamente, ensinando-nos a rejeitar a cruz.*

Não faltam as Igrejas que, com seu visual e sua pregação, quase nos fazem esquecer os pobres, os miseráveis e os mendigos. E não faltam os pregadores que são capazes de omitir a dor do mundo preocupados apenas em exaltar e louvar ao Senhor, mas está aí o visual para quem quiser ver.

Se eu limitar meu trajeto a passar pelos outdoors cheios de moças nuas ou pelos programas de televisão, terei uma visão de quem não vê Jesus, mas se os meus olhos forem comigo aonde se sofre, aonde há pobres e crianças e enfermos, e se os levar a creches, asilos, hospitais e bairros de periferia, talvez eu veja outro espetáculo e ali estarei também vendo Jesus, e, dessa vez, de maneira muito mais profunda e muito mais pura. Ele estará nos dizendo: *O que fizerdes a um desses pequeninos, a mim é que o fareis* (Mt 25,40).

– Veículos da fé

A Igreja, agora que tem em mãos a televisão e excelentes revistas e toda uma possibilidade de encher suas igrejas de outdoors, tem também uma grande oportunidade de colocar, para os olhos do povo, a realidade da palavra de Deus. Certamente, os católicos poderão ver muito mais Jesus do que estão vendo a partir do momento em que transformarmos a nossa mídia em veículo da fé que passa pelos olhos.

A FÉ QUE PASSA PELOS OLHOS

Eu disse no capítulo anterior que, hoje, o pecado entra mais pelos olhos do que pelo ouvido e afirmo e assino embaixo, porque a nossa era tornou-se uma do deleite dos olhos: as praias, a indústria da moda, as lojas, os outdoors, a televisão, as revistas. Todas trabalham com formas e com sugestões. O estético superou o ético.

– Nudez que dá lucro

Ouvimos a toda hora artistas dizendo que posaram nuas por estética, atores e atrizes e modelos a dizerem que o corpo é instrumento de trabalho e que com ele ganham o seu dinheiro. Não faltam as que afirmam ter comprado um apartamento para a mãe, quando posaram nuas em revistas.

Voltamos à era em que o corpo era superexaltado, ao tempo em que a idolatria do corpo tornou-se obsessão. Esta obsessão se manifesta nas academias de ginástica em que mulheres e homens, desesperados, desejam estar em forma. E por que desejam estar em forma? Porque um corpo bonito conquista melhor os outros e as outras e até lhes favorece um emprego ou uma oportunidade a mais.

– Feito para os olhos

Nosso tempo se tornou a era do visual que precisa ser elegante, atraente, bonito, se possível metrossexual. Tudo na medida do belo, do estético, do sedutor. É questão de sobrevivência. Não há lugar para aqueles cujas formas corpóreas não agradam, e se houver, terão de ser ou cômicos, ou muito inteligentes, ou muito especiais. O cidadão comum não tem muita chance se não for esteticamente apresentável e se não agradar aos olhos.

– Beleza que leva ao sucesso

A outra parte também, infelizmente, é verdade. Em alguns casos basta ser bonito para se conseguir o emprego, mesmo que a pessoa não tenha outras qualificações. Na era da superexaltação do corpo, o corpo é em si mesmo uma qualificação. *Sou bonita, logo conseguirei esse emprego, mesmo que não seja capacitada. Sou bonito e tenho mais chance de conseguir esse emprego, mesmo que não tenha a capacidade dos outros.* As empresas olham não apenas, mas também, a aparência. Pequenos e grandes novos deuses, eles e elas, transitam pela mídia, pela televisão, por outdoors e revistas ostentando aquilo que constitui seu único apanágio: um corpo para se ver!

– Beleza que dá lucro

A moça extraordinariamente linda e inteligente, que trabalhava como inspetora de qualidade numa firma exportadora, sofreu o constrangimento de ter sido convidada para entreter e agradar ao dono de uma firma espanhola, que viera estudar a compra daqueles produtos. Ao reagir indignada, recebeu o recado de que tinha sido contratada pela beleza e não por outros atributos. Não foi. A partir daí complicaram tanto a sua vida que ela pediu demissão.

– O belo e o ético

Numa era como essa, o que pode e deve fazer uma Igreja que se diz cristã e que anuncia o corpo consagrado do Cristo, mas também massacrado e crucificado? O que faz uma Igreja diante de tantos corpos mutilados e feridos, sem estética? O que faz ela com eles e o que pode fazer por aqueles que, não tendo um corpo de deuses humanos, têm, porém, um coração extraordinariamente bonito e humano?

– Educar para a verdadeira beleza

Em primeiro lugar, a Igreja precisa educar para o correto visual e formar os seus fiéis na convicção plena de que não basta o estético. É preciso ver além das aparências. Quando a Igreja deu o grito de "queremos ver Jesus", estava dizendo tudo isso nas entrelinhas.

Nas feições dos pobres, dos negros, dos índios, dos pequenos, dos grandes, dos corpos desajeitados, na festa de *Corpus Christi*, na festa da Eucaristia, o que a Igreja ensina é que corpos feridos e mutilados ressuscitam e que pessoas massacradas têm beleza extraordinária, porque é preciso ver além das aparências.

– O bonito que ficou feio

Como levaremos nosso discurso de que o que a sociedade considera feio *é* bonito? De que aquilo que a sociedade considera bonito nem sempre é bonito e muitas vezes é horrorosamente feio, porque vem acompanhado de egoísmo e até de drogas e outras violências? Como convencer uma sociedade como a nossa de que o estético não pode vir em primeiro lugar, embora seja importante?

– Jesus talvez não fosse bonito

A palavra de Deus nos ilumina quanto a isso, anunciando como seria o Messias: um verme, não um homem; massacrado, destituído de beleza (Jó 7,5). Era o profeta Isaías prevendo uma era de estética que seria incapaz de ver Jesus, porque esperaria ver um senhor glorioso, bonito, translúcido, e Ele não seria exatamente isso. Ou se fosse, esconderia essa beleza para se igualar ao ser humano comum. De fato, muitos que o procuraram não distinguiram; foi preciso Lucas indicar a uma comitiva de gregos (Jo 12,20) para saberem quem era Jesus.

– Rosto comum

Jesus não se destacava pela aparência como, às vezes, nossos pintores e artistas e até pregadores querem fazer parecer. Quando começava a falar das coisas, Ele mudava. Se Judas precisou traí-lo com um beijo, dando sinal de que seria Ele, é porque não era tão fácil distinguir Jesus naquela noite. Se escapou algumas vezes na multidão, quando quiseram prendê-lo (Jo 10,39), é porque certamente o rosto dele era muito parecido com o dos homens de seu tempo.

– Reimaginemos Jesus

Hoje pintamos um Jesus de olhar meigo, maravilhoso, um homem bonito, mas talvez Ele não tenha sido um homem tão bonito. Não temos provas! Ninguém jamais o descreveu como um homem bonito, e as descrições, hoje veiculadas, não gozam de veracidade. Nenhum dos quatro evangelistas e nenhuma das epístolas ocuparam o seu tempo para descrever a estética, a beleza e a forma de Jesus. Não lhes pareceu importante. A depender deles, jamais saberíamos a altura, o tipo físico, a cor do cabelo e os olhares de Jesus. Nunca nos contaram a esse respeito. E há o detalhe de que os evangelhos foram escritos em comunidades ainda recentes. Muita gente tinha conhecido Jesus.

– Ir além do visual

Educar-nos, portanto, para ir além das aparências e para descobrir beleza para além do que os nossos olhos veem, é fundamental para a fé cristã. O cristão vê beleza onde nem sempre ela aparece. Por sua fé pode tornar as coisas belas, porque vai fundo no conceito de *Kalós*, que é mais do que ostentar formas agradáveis. Beleza tem a ver com um conteúdo próximo do pleno e do perfeito. A beleza física é a única forma de perfeição. Aponta para ela, mas não é ela. De que adiantaria uma maçã maravilhosa de se ver, se na primeira dentada descobrimos que não tem sabor ou que escondia dentro dela uma parte podre? Maçãs não foram feitas para se ver, mas para se comer, e se não tem sabor, então não adianta serem tão bonitas. A outra não tão bonita talvez seja muito mais saborosa.

Há flores medicinais bem menos bonitas do que uma rosa ou uma orquídea, mas são muito mais salvadoras e libertadoras. Há pessoas lindas e maravilhosas que levam à perdição; há pessoas não tão encantadoras que de fato encantam e levam a Deus. Madre Teresa de Calcutá não era uma mulher bonita, mas era uma pessoa extraordinariamente linda de alma e de coração. Era impossível não ver essa beleza. Até os ateus se sentiam tocados pela ética dessa mulher externamente nada bonita.

– O belo no lugar errado

Desde os antigos gregos, buscamos a beleza no lugar errado. Canonizamos formas e, hoje, submetemos milhões de mulheres a imensos sacrifícios porque canonizamos uma forma artificial. Decretou-se que magro é bonito e que uns poucos quilos a mais é feiura. Pior: decretou-se que gordo é feio, quando na verdade pode ser e é bonito. Há muitas pessoas gordas e bonitas. Se o motivo for o cuidado com a saúde, compreende-se. Se for apenas o desejo de agradar, é questionável, porque muitas pessoas de corpos maiores ou até limitados são lindas e maravilhosas! E há pessoas magras nem tão lindas nem tão maravilhosas. O ser humano é muito mais por dentro do que é por fora, assim como a semente é muito mais pelo que ela tem dentro do que pelo seu formato.

– A chance dos cristãos

Temos uma excelente oportunidade de mostrar ao mundo qual o nosso conceito de beleza e estética e de educar o mundo para ir além da aparência, a começar pelos nossos cristãos colocados diante de uma televisão ou diante da multidão. Precisam estar limpos, mas não têm que necessariamente ser engraçadinhos, "chuchuzinhos", nem maravilhosamente bem compostos. Há que haver um equilíbrio.

– No passado

Repassemos a reflexão, agora de outro ângulo. Você já deve ter lido que os filósofos milésios, isto é, Tales de Mileto, Anaximandro e Anaxímedes, ensinavam que o princípio é água (Tales), o princípio é o infinito (Anaximandro), o princípio é o ar (Anaxímedes) e não faltou quem dissesse que o princípio é a beleza. Zenão ensinava que o real não é necessariamente o que é constatável pelos olhos ou pelos sentidos, mas sim o que é demonstrável pela razão, porque os sentidos podem nos enganar. Parmênides lembrava o tempo todo que os sentidos enganam. A doutrina do "ser" não pode ser julgada pela sensação, mas sim pela reflexão, pela lógica.

– Ter não é ser nem parecer

Hoje, um mundo dominado pela televisão quer convencer-nos de que *ser* é o mesmo que *ter* ou *parecer* bonito. Despreparados, às vezes, os eleitores escolhem o presidente pela beleza e não pelo conteúdo, como já aconteceu no Brasil. Votam em candidatos bonitos e simpáticos, em vez de votarem em candidatos donos de uma proposta ética e de um conteúdo. Parecem todos estar elegendo um *mister* ou uma *miss* em vez de elegerem um ser humano com competência e capacidade, tudo porque a onipresença da mídia supervaloriza o que os olhos veem e não dá muita importância ao que a inteligência e o coração possam ver.

– A Igreja tem o que dizer

A Igreja pode mudar isso, se quiser! Nossos santos ensinaram isso de maneira profunda e corajosa. Thomas Merton, um inspirado monge do século passado, escritor muito conhecido, diz isso de maneira magistral em *Sementes de Contemplação*, em *Novas Sementes de Contemplação*, em *Homem Algum é uma Ilha* e em *A Montanha dos Sete Patamares*. Ao ensinar a contemplação e a paz interior como forma de enfrentar o materialismo grosseiro, até mesmo na vida religiosa, Tomas Merton alerta para o fato de que existe uma beleza que não é valorizada: é a beleza do pensar e do ir ao encontro do que há de profundo no ser humano! Era um crítico da sociedade de consumo que se assentava no estético, nas aparências e não na realidade.

É magistral o texto que se encontra na página 55 do livro *Novas Sementes de Contemplação*, da editora *Phisos*. Transcrevo-o para quem ainda não possui o livro:

"Para tornar-me eu mesmo, tenho de deixar de ser aquilo que sempre pensei que eu queria ser; e para encontrar-me a mim mesmo, tenho de sair de mim; e para viver tenho de morrer. A razão disso é que nasci no egoísmo e, portanto, meus esforços naturais para tornar-me mais real fazem-me menos real e menos eu mesmo, porque giro em torno de uma mentira.

Pessoas que nada sabem de Deus e cujas vidas estão concentradas em si mesmas imaginam só poder encontrar-se firmando os seus próprios desejos, ambições e apetites numa luta contra o resto da humanidade. Tentam tornar-se reais impondo-se aos demais, apropriando-se de uma parte da limitada quantidade de bens criados, realçando assim a diferença entre si e os outros homens que possuem menos do que eles, ou mesmo nada.

Só podem conceber um modo de se tornar reais: separando-se dos outros, construindo uma barreira de contrastes e distinções entre si e os outros. Não sabem que a realidade deve ser procurada não no que divide, e sim no que une, pois somos membros uns dos outros. Quem vive na divisão não é uma pessoa, mas apenas um indivíduo.

Eu tenho o que você não tem, eu sou o que você não é, eu tomei o que você não conseguiu tomar. Eu me apoderei daquilo que você jamais pode obter. Daí você sofrer e eu ser feliz. Daí porque você é desprezado e eu elogiado, você morre e eu vivo; você nada é e eu sou alguma coisa. Eu sou tanto mais alguma coisa quanto você é nada e, assim, passo a minha vida admirando a distância que há entre você e mim. Por vezes isso até me ajuda a esquecer os outros homens que têm o que eu não tenho, que se apoderaram daquilo que eu fui demasiado lento para agarrar e obtiveram o que estava além do meu alcance e por isso são louvados como jamais poderei ser. Eles vivem da minha morte...

Quem vive dividido, vive na morte, não pode encontrar-se porque está perdido: deixou de ser uma realidade. A pessoa que ele se crê é apenas um mau sonho. Quando morrer, descobrirá que desde há muito deixou de existir, porque Deus, que é realidade infinita, em cuja visão se encontra o ser de tudo o que existe, dir-lhe-á: *'não te conheço'*".

– Uma Igreja que aponte para o ser

Para Tomas Merton e muitíssimos pensadores lúcidos, do século passado e do nosso tempo, buscar a estética como forma de autoafirmação é buscar a mentira. Ela não traduz a realidade de um ser humano. É apenas o chantili em cima do bolo, é a sobremesa da refeição. Pouquíssimas pessoas vivem de sobremesa ou chantili, e se o fizerem, terão problemas de saúde!

Vive-se do alimento sólido e do bolo! A beleza é apenas um enfeite e nada mais que isso. Não chega nem a ser apanágio. Talvez tenhamos que nos debruçar sobre esses valores, já que temos meios de comunicação para ensiná-los. Não é que a televisão não deva mostrar o bonito e o estético. Mas deve dar espaço para gente sábia, jovens, adultos e anciãos, que talvez não encham os olhos do telespectador, e quem sabe nem o segurem naquele canal, mas depois de algum tempo, com outros recursos de imagens, enchem a alma.

– Souberam agradar

Muitos apresentadores de televisão que sabiam não ser bonitos cercaram-se de um cenário chamativo, de pessoas bonitas, de bons músicos e de bons redatores de texto e conseguiram manter a liderança na televisão americana por muitos e muitos anos. Tinham o conteúdo a seu favor e as cores, as pessoas e as formas a coadjuvá-los. Um deles foi o ultrafamoso e desajeitado Ed Sullivan, que se comunicava mal e que de artista não tinha nada, mas encarnou o carisma do apresentador. Descobria talentos e os valorizava.

– A televisão pode ajudar

Se a televisão fosse criada apenas para mostrar a beleza externa, então seria melhor que ela não existisse. Os quadros de Anita Malfati, Di Cavalcanti, Miro, Picasso e milhares de outros pintores não são esteticamente formosos nem sempre arrastam os olhares. Mas uma leitura atenta descobrirá muito mais do que aquilo que se vê. Se o comprador não descobrir isso, talvez tenha em casa um quadro bonito, mas não necessariamente uma obra-prima.

Tudo aquilo que nos obriga a ir muito além do que vemos é melhor que aquilo que fica apenas no imediato e na aparência: *Olhei, gostei e fui embora. Olhei, não entendi, procurei entender, aprofundei e agora entendo*. Esta deve ser a atitude do espectador. A televisão deve facilitar isso. Como é um veículo rápido que oferece beleza para o consumo, muitas vezes promove uma cantora de corpo escultural e rosto bonito, mas desafinada e sem ritmo, ou apresenta um grupo seminu com música de baixíssima qualidade, outra vez privilegiando o estético ao ético ou ao harmonioso.

– Arte que educa

Toda e qualquer forma de arte precisa ir além da aparência, assim como toda e qualquer religião precisa ir além do rito. Somos capazes de entender isso? Se somos, ensinemos isso a nossos fiéis! Anunciar Jesus em tempos de crise supõe essa maturidade. Baseados nesses conceitos, melhoremos o tempo todo nossas canções, nosso rádio e nossas televisões. Há diretores de televisão conscientes disso. Conheço alguns. Se tiverem chance de chegar aonde querem, em poucos anos a televisão católica terá outro rosto. O povo verá Jesus retratado no cotidiano do povo.

O ASSASSINATO DA LINGUAGEM

Brinquei uma vez num curso de Comunicação dizendo que os que crucificaram Jesus sabiam que matavam, mas não sabiam a quem matavam. Jesus pediu perdão por eles dizendo que não sabiam o que estavam fazendo (Lc 23,24).

E acrescentei:

Muitos pregadores de hoje também assassinam a língua portuguesa, os evangelhos, o catecismo e a linguagem da Igreja. Muitos não sabem o que estão fazendo, outros sabem. Isso, às vezes, nos inclui.

O assassinato corre em várias instâncias.

1. Abusos na celebração.
2. Abusos de gestos.
3. Erros crassos de teologia.
4. Uso impreciso de substantivos e adjetivos.
5. Expressões que não expressam o que pretendem dizer.
6. Instruções que não introduzem.
7. Discurso sem "a b c d", isto é, sem ordem de assuntos, tudo a esmo, estilo beija-flor, errático, sem sequência, típico de quem não anotou nem preparou o que iria dizer.
8. Peroração que não acaba nunca.
9. Excesso de "eu" e pouco "nós", pouco "nossa Igreja".
10. Repetição excessiva do mesmo verbo.

– *Deus quer, nós queremos, Deus está pedindo.*

– *Jesus me disse, Jesus espera, Jesus quer.*

– *Na minha opinião... É assim que eu vejo... Eu concluo... É como eu sempre digo... Meu ponto de vista sobre esta leitura é...*

– *Portanto, façamos o que Deus* está nos dizendo *hoje...*

– *Eles querem* se *aparecer...*

– *Que Deus* possa *nos abençoar...*

– *Embora você* quer.
– *Talvez você* pareça.
– *Deus diz* para você...
– *Entregue seu coração* em *Deus.*
– *O mundo e o demônio nos dizem...*
– *Deus e seus anjos nos dizem...*
– *Jesus poderia ter pecado, mas se controlou...*
– *Fale* com a sagrada chaga *do ombro dele...*
– *Ore* às mãos ensanguentadas *de Cristo.*
– *Jesus sofreu* para que não soframos...
– *Se Maria não fosse virgem,* não teria sido escolhida...
– *Quando você peca,* enfia mais um espinho *na coroa de Jesus...*
– *Maria certamente* chora lá no céu *quando pecamos.*
– *Eu* me *comungo todos os dias.*
– *O rock é música do demônio...*
– *Você pode* comungar Maria, *porque na hóstia vem o sangue de Jesus que tem o mesmo DNA que o dela...*
– *Nós somos* os *novos tempos da Igreja.*
– *Somos* o *novo jeito de ser católico.*
– *Jesus nos suscitou para* purificarmos a Igreja.
– *Ou demos tudo a Jesus* ou não damos nada!
– Não sofra mais, *venha conosco!*
– Aqui *os milagres acontecem.*
– *Eu* me converti *a Jesus há dois anos...*
– Eu lhes garanto *que vocês serão felizes.*
– *Repita 50 vezes esta invocação e você* conseguirá as graças que pede.
– *Acenda uma vela e* receba uma graça...
– *Uma vela* acendida, *uma graça* concedida...
– *Depressão* é obra do demônio...
– *Quem crê em Jesus,* não fica triste.
– Fui tocado *por Jesus.*

– Ouvi, esta manhã, *esta palavra.*

– *Jesus me* mandou dizer a você.

– Dê seu dízimo para a nossa obra *e quando puder ajude também sua paróquia...*

– *O dízimo é sagrado. Nunca deixe de dá-lo* em nenhuma circunstância...

– *Abra sua Bíblia em* qualquer página *e veja que palavra Jesus tem hoje para você...*

– Podemos tudo *em e com Jesus.*

– *Quer ir para o céu? Pague o dízimo e contribua com nossa nova obra...*

– *Maria é medianeira de* todas *as graças.*

– *Em nossa paróquia há nas quartas-feiras uma* missa de cura e de libertação...

– O Espírito está me dizendo *agora...*

– Não preciso *de livros de teologia para crer. Já tenho um livro chamado Bíblia...*

Se você não percebeu onde está o desvio de teologia ou de linguagem, peça ajuda para alguém que conhece a língua portuguesa e a teologia católica.

Corrija-se. Corrija quem errou ao seu lado. Não há pregador que não erre. Não há pregador que não precise melhorar o seu discurso!

PALAVRAS FINAIS

Haveria muito mais a ser dito. Há muito mais a ser dito. Esta obra foi escrita para ajudar jovens pregadores e catequistas a pensar sua fé e sua pregação e buscar nos livros e em cursos o algo a mais de que necessitam.

O que aqui foi dito serve também para mim que o escrevi. Eu também já errei e erro. Lembra-se do jogador experimentado que às vezes chuta mal e perde o pênalti?

Pregadores vividos também erram. O que se espera é que estudemos mais, reflitamos mais e aceitemos correção fraterna para errarmos menos.

Se estas palavras aumentaram sua humildade e suscitaram sua curiosidade, então valeu a pena o trabalho de escrevê-las. Como São Paulo, trabalho duro sem a ilusão de que todos me ouvirão. Se alguns me ouvirem, já me darei por compensado.

José Fernandes de Oliveira
Padre Zezinho, scj
www.padrezezinhoscj.com

ÍNDICE